METAVERSE
元宇宙革命

杨振武◎著

中国铁道出版社有限公司
CHINA RAILWAY PUBLISHING HOUSE CO., LTD.

图书在版编目（CIP）数据

元宇宙革命 / 杨振武著 . —北京：中国铁道出版社有限
公司，2022.4
ISBN 978-7-113-28832-7

Ⅰ.①元… Ⅱ.①杨… Ⅲ.①信息经济 Ⅳ.① F49

中国版本图书馆 CIP 数据核字（2022）第 023504 号

书　　名：元宇宙革命
　　　　　YUAN YUZHOU GEMING
作　　者：杨振武

责任编辑：马慧君　编辑部电话：(010）51873005　电子邮箱：zzmhj1030@163.com
封面设计：刘　莎
责任校对：苗　丹
责任印制：赵星辰

出版发行：中国铁道出版社有限公司（100054，北京市西城区右安门西街 8 号）
网　　址：http:// www.tdpress.com
印　　刷：三河市宏盛印务有限公司
版　　次：2022 年 4 月第 1 版　2022 年 4 月第 1 次印刷
开　　本：880 mm×1 230 mm　1/32　印张：8　字数：146 千
书　　号：ISBN 978-7-113-28832-7
定　　价：59.80 元

序　　言

新风口，一次意想不到的工业革命

在 2021 年的互联网热词中，"元宇宙"绝对是最为火热的一个词。这个听起来有点玄妙的概念，在马克·艾略特·扎克伯格、马化腾等科技界大佬接连对其解读后，瞬间成为资本市场上大多数人竞相谈论的话题。

一时间，与元宇宙相关的研发项目纷纷上马，与元宇宙有关的股票也全线走高……但元宇宙究竟是什么？它有什么价值，又会如何实现？这些与元宇宙关联紧密的问题却没能引起大多数人的关注。

谈及元宇宙的概念，维基百科将其定义为"通过虚拟增强的物理现实，基于未来互联网的，具有链接感知和共享特征的 3D 虚拟空间"。这一定义显然太简单了，很多元宇宙的必备要素在这一定义中并未体现。

从当前各方对元宇宙的研究来看，想要为元宇宙赋予一个明确、完整的定义，是很困难的。对元宇宙稍有了解的人都知道，这是个平行于现实世界，与现实世界互联互通，但又独立于现实世界之外的虚拟世界，人们可以在这个虚拟世界中开展各种工作，包括社交活动。至于如何去构建这个世界，如何进入这个世界，这个世界能怎样运作起来……这些问题对于大多数人来说，也许比较陌生。

事实上，即使是那些走在元宇宙研究最前沿的互联网公司，也没有搞清楚究竟如何把元宇宙这个世界完整地构建起来。也可以说，以现有的技术条件来看，想要构建出元宇宙世界，并让人类可以自如穿梭于现实与虚拟之间，还并不现实。

这是读者在阅读本书前，必须要认识到的一个必要前提。元宇宙世界在当前阶段还只是一个美好的设想，人类想要抵达那个世界，还需要五年，甚至是十年的探索。

之所以要写这本与元宇宙相关的书，更多是为了将与元宇宙相关的概念、技术，以及未来元宇宙世界的商业形态及社会生活，进行简要介绍，以帮助读者了解元宇宙这个抽象的概念，并产生一些对元宇宙世界的新思考。

Meta 公司（原 Facebook 公司）首席执行官扎克伯格在演讲中曾提到元宇宙的八大要素，分别为身临其境感、虚拟形象、家庭空间、远距离传输、互操作性、隐私安全、虚拟物品、自然界面。

其中，身临其境感就是沉浸感，当前较为可行的方式主要是通过 AR/VR 来实现这种沉浸式体验；

虚拟形象就是个人在元宇宙世界的数字分身，每个人都可以随意定制自己在元宇宙世界中的形象；

家庭空间就是个人在元宇宙世界中的社交圈和私人空间，这一点与现实世界中的生活是一样的；

远距离传输就是个人在元宇宙世界中可以自由移动，这类似于科幻传说中的瞬间移动、空间传送；

互操作性是说个人的一举一动都会对元宇宙世界造成影响，个人在元宇宙世界的操作会得到相应反馈；

隐私安全是元宇宙世界存在的基础，其自有一套监管与法律体系，来确保这个虚拟世界能够长久稳定地存在下去；

虚拟物品是说元宇宙中的所有物品都有唯一的身份识别和明确的权属，这需要通过一定的去中心化技术来实现；

自然界面是说元宇宙世界的交互方式更接近于人的自然交流模式，人们可以自由舒适地在元宇宙世界中相互交流。

从上面这八个要素来看，构建元宇宙世界需要完成的工作确实不少，就连扎克伯格也说："这（元宇宙）可能听起来像科幻小说，我们需要将很多这样的技术结合在一起。"

他所说的"很多技术"也正是本书想要探讨的、当前已经取得了一定进展的高科技技术，包括人工智能、区块链、5G、云计算、AR/VR以及物联网和大数据等，这些技术不仅支撑着现在这个移动互联网时代不断向前发展，也将会成为元宇宙时代重要的基础支撑。

除了构建元宇宙世界的这些必要技术，本书还对元宇宙时代的商业前景进行了简要介绍。随着元宇宙相关技术的成熟，一些新的商业机会也将涌现，无论是在社交、内容方面，还是在电商、游戏方面，元宇宙都大有可为。

本书在最后还用一章描述了普通人在元宇宙世界的生活图景，从数字身份与真实身份的关系，到数字资产与实物资产的连结，再到元宇宙世界的游戏与工作，描述的不仅是我们对元宇宙世界的畅想，更是对未来美好生活的向往。

当然，由于当前对元宇宙的研究还处于概念探索阶段，还有许多与元宇宙相关的基础问题还没有搞清楚，所以本书在内容介绍上必然会存在不足之处，在后续的再版中，我们将继续完善相关内容，力求为读者构建出更为全面的元宇宙知识体系。

编　者

目　　录

第 1 章

元宇宙时代即将到来

《雪崩》之后

　　1992 年，美国班坦图书公司出版了一部影响深远的科幻小说《雪崩》。书中描绘了一个超现实主义的数字空间"Metaverse"，人们通过各自的"avatar"（化身）在其中生活、娱乐、竞争。这部小说出版后，引发了赛伯朋克流小说热潮，奠定了作者尼尔·斯蒂芬森在科幻小说界的地位。30 年后，《雪崩》中提出的"Metaverse"一词被译为"元宇宙"，成了当下最火热的概念。

　　元宇宙概念一夜爆火的表象背后，是 30 年来科学技术的发展和人们观念的转变。《雪崩》之后，类似的虚拟世界概念在游戏领域得到了更多的发展，形成了元宇宙的早期基础。

　　1994 年，出现了第一款轴测图界面的多人社交游戏 *Web World*，开创了 UGC（User Generated Content，用户原创内容）模式游戏的先河。玩这款游戏时，玩家不仅可以在开

发者创造的游戏世界中实时聊天、旅行，还可以根据自己的
意愿对游戏世界进行改造。

1995 年，第一个投入市场的 3D 界面大型多人在线游戏
Worlds Incorporate 出现，进一步强调了开放性世界这一概念。
同年，基于《雪崩》创作的 *Active Worlds*，为玩家提供了虚
拟化身和改造虚拟环境的基本工具。玩家可以通过控制自己
的虚拟化身做出行走、飞行、游泳等动作；也可以构建自己
的 3D 虚拟世界或探索他人构建的 3D 虚拟世界。

1999 年，*Active Worlds* 中推出了 AWEDU（Active Worlds
Educational Universe）系统，用于开发教育虚拟环境。借助
AWEDU 系统，教师和学生可以快速构建出一个 3D 虚拟世界，
并在 3D 环境中便捷地交互。

2003 年，林登实验室推出了第一个现象级的虚拟世界
应用 *Second Life*。大部分人把它当成一款网络游戏，但它的
开发团队不这么认为。他们表示，*Second Life* 中"没有可
以制造的冲突，没有人为设定的目标"，用户可以像在现实
世界中一样，在 *Second Life* 中进行社交、购物、建造房屋、
经商等活动。

Second Life 为用户提供了强大的世界编辑工具和发达的
虚拟经济系统，并允许用户保留自己作品的知识产权，因此，
吸引了大量企业与教育机构进入该平台。路透社、英国广
播公司、美国有线电视新闻网等新闻媒体都曾将 *Second Life*

作为发布平台，IBM（国际商业机器公司）曾在 *Second Life* 中购买"地产"，建设销售中心。哈佛大学、纽约大学、依隆大学、俄亥俄州立大学、佩珀代因大学等著名学府也曾在 *Second Life* 中开设虚拟课堂。

科幻电影同样是元宇宙概念发育的温床。1998 年上映的《移魂都市》，1999 年上映的《黑客帝国》《感官游戏》，2000 年上映的《入侵脑细胞》，2002 年上映的《少数派报告》，2009 年上映的《阿凡达》，2012 年上映的《无敌破坏王》，2013 年上映的《异次元骇客》，2014 年上映的《超体》，2018 年上映的《头号玩家》等经典影片中，都描绘过类似元宇宙概念的虚拟世界。

2019 年 12 月，新冠肺炎疫情突袭而至，线下活动严重受限，元宇宙的巨大价值逐渐显现。2020 年，新冠肺炎疫情形势严峻，人们普遍居家隔离，人类社会发展到了虚拟化的临界点。在这一年中，人们在互联网中的交互时间大大增加，不仅学生上网课、工人远程办公一度成为常态，很多远离互联网的老年人也开始上网交流、购物。人类的生活大规模向虚拟世界迁移，虚拟偶像、直播带货等"宅经济"也随之快速发展。

现实生活的缺失，让人们对虚拟世界中的生活有了更高的需求，互联网的发展已无法满足这种需求。人工智能、区块链、5G、云计算、VR、AR、物联网、大数据等关键技术的高速发展，让曾经遥不可及的元宇宙构想具备了可能性。

2021 年被称为元宇宙元年。从社交和游戏领域开始，元宇宙概念迅速席卷了整个世界。年初，社交应用 Soul App 公司在行业内首次提出"社交元宇宙"理念，致力于为新一代年轻人建立以 Soul 为链接的社交元宇宙。3 月，Roblox 在纽约证券交易所正式上市，被称为元宇宙第一股。

4 月，Epic Games 宣布了一轮 10 亿美元的融资，用于开发元宇宙。5 月，微软首席执行官萨蒂亚·纳德拉表示，正在努力打造一个"企业元宇宙"。6 月，美国社交媒体巨头 Facebook 收购 Unit2 Games，获得了元宇宙概念游戏 *Crayta*。

7 月，英国人工智能企业 DeepMind 推出了最新泛用型游戏 AI——XLand，用于训练通用智能体。8 月，英伟达推出全球首个专为虚拟协作和逼真模拟构建的开放平台 Omniverse，为构建元宇宙助力。中青宝开发的模拟经营类游戏《酿酒大师》，通过审批立项，声称可实现虚拟与现实的梦幻联动。字节跳动斥巨资收购 VR 创业公司 Pico，并推出 AR 开发平台 Effect Studio，加码元宇宙布局。9 月，多家公司申请注册元宇宙商标，仅腾讯公司就申请了近百项，体现了互联网巨头对元宇宙概念的重视。

10 月 28 日，Facebook 宣布更名为 Meta，将元宇宙概念的热度推向了顶峰。11 月 3 日，腾讯在武汉召开数字生态大会，为全真互联时代的到来加速。11月14日，巴巴多斯外交和对外贸易部与虚拟世界平台公司 Decentraland 签署协议，将在元宇宙建立全球首个大使馆，暂定 2022 年 1 月启用。

12月10日，百度宣布将于12月27日发布国内首个元宇宙产品《希壤》，致力于打造一个身份认同、经济繁荣、跨越虚拟与现实、永久续存的多人互动虚拟世界。12月21日，《希壤》开始定向内测。12月27日，《希壤》正式发布，内置的会议中心可容纳 10 万人，百度 Create 2021（百度 AI 开发者大会）就在希壤会议中心正式召开。曾经遥不可及的元宇宙时代，已经离我们越来越近。

人类社会的"虚拟化"

曾经，我们写文章要用纸笔，拍照片要用胶卷，听音乐要用磁带，看电影要用光盘，玩游戏要用卡带，买东西要用现金。如今，我们只需要一部联网的智能手机，就能解决这些问题。文字、照片、音乐、视频、游戏、金钱等都脱离了实物载体，以数字形式储存在记忆体中，人类社会正逐渐走向虚拟化。虚拟化的尽头，就是元宇宙。

简单来说，虚拟化是数字技术发展到一定阶段，计算机大量融入人类生活后出现的一种自然现象。目前来看，人类社会的虚拟化大致可分为四个阶段：赋能、优化、转型、再造。在虚拟化过程中，社会的不同领域进度差异较大，这四个阶段往往会出现交叉或者并行发展的情况，不是必须完成第一个阶段才能开始第二个阶段。

第一个阶段是数字技术对实物的赋能，也是人类社会虚拟化的基础。

赋能通常是点状的，即将整体或部分实物转化为数字形式，以提高生产效率，提升产品性能。数字技术赋能为我们的生产生活带来了极大的便利。

在生产方面，数字技术赋能的典型表现是在数字化车间的初期。通过对生产工具、生产设备的数字化改良和对工作人员数字化意识的培养，车间的生产效率和良品率得到提升，人工成本大幅降低，企业创造出更高的经济效益。

在生活方面，数字技术赋能在各类数字产品上，比如，电子书和智能家居。在电子书中，数字技术赋能将实体图书转换为 Txt、Word 等数字文本，让图书的编辑、阅读、传播都更方便。在智能家居中，数字技术赋能在传统家电基础上，通过植入智能模组，将按钮、旋钮、摇杆等实体操作方式转化为数字形式，可以通过语音、手机 App 等更方便地控制。对用户来说，数字技术赋能改进了产品的使用体验；对企业来说，数字技术赋能增加了产品的附加值。

第二个阶段是数字技术对流程的优化。

在赋能实物产品的基础上，我们还需要利用数字化建模技术，对生产、生活的流程进行优化。优化通常是线形的，比如，优化工厂的流水线、施工的作业路线及生活中的各种流程等。

在数字化车间的成熟期，企业内部的信息化程度也得到了进一步增强。企业可以引进财务管理、ERP 进销存、人力资源管理等软件系统，构建生产管理流程及生产成本核算一体化的数字工作平台，实现内部资源和信息的共享。优化后的流程可以进一步降低人力和能耗成本，提高生产效率，从而带来巨大的经济效益。

与此同时，我们生活中的流程也得到了一定的优化。支付不用现金，只需要拿出手机，出示或扫码二维码；点餐、购物、买票不用再跑到餐馆、商店、车站，只需要打开手机上的 App，按相关流程操作即可。

第三个阶段是社会各领域的转型。

转型通常是面状的，会覆盖一个完整的业务单元，比如，线下销售转型为电子商务、传统计算转型为云计算、棋牌游戏转型为网络游戏等。

对企业来说，转型主要体现在企业的优势业务上。借助数字化平台，企业将自己的优势传统业务转型为虚拟化的新业务，在降低成本的同时，释放长期积累的优势，创造更大的价值。如果企业擅长培训客服人员，就可以开拓新业务，专为其他企业提供客户服务；如果企业掌握的供应渠道比较多，采购部门议价能力强，就可以替其他企业采购原料。

对个人来说，转型主要体现在生活方式的智能化、网络化和个性化。全自动洗衣机、扫地机器人等智能家电，将繁重的家务劳动转变为简单的智能操作，彻底改变了人们的生活方式。智能设备联网后，人们还可以随时随地查看设备状态，控制设备行为。与此同时，各类定制商品和服务，正在满足人们的个性化需求。

对政府来说，经济转型涉及的方面很多，目前主要是经济发展和服务人民等方面。借助数字化平台，政府可以建立经济发展的模型，预判未来的发展状况，为决策人员提供可视化的决策辅助工具，在一定程度上预防金融危机的发生。在政务咨询、建议平台上，政府引入数字化工具，建立智能客服系统，群众可以享受 24 小时不间断的人工智能服务，缓解了接待人员数量不足等问题。

以经济发展为例，中国已经从主要依靠要素投入的高速发展阶段，进入到依靠创新驱动的高质量发展阶段。在这个过程中，政府正在充分发挥数字工具和平台的优势，推动各行各业向数字化、智能化转型，提高供应链的稳定性，促进产业链的现代化。只有成功实现转型，才能在未来更好地服务实体经济，让中国经济的高质量发展有质的飞跃。

第四个阶段是整个社会的再造。

再造是社会向虚拟化转变的高级阶段，即将事物的虚拟性通过社会化的方式，以实际化的过程与形态呈现在人类面前。在这个过程中，各个网站、应用系统、游戏，乃至各个行业间的壁垒都将被打破，所有虚拟化的事物都融合在元宇宙平台上。在现实社会高度虚拟化的同时，虚拟社会也正在高度现实化，反哺于现实社会，最终实现全社会脱胎换骨式地改变。

　　人类社会的虚拟化不仅具有极高的政治意义、巨大的经济价值，还带来了深远的文化影响：象征着传统社会文明物质或非物质文化遗产，正在通过数字化路径走向虚拟化；以虚拟现实为代表的虚拟现象，也已成为现代文明中不可或缺的一部分。人类社会高度虚拟化之后，必将衍生出新的文明形态。

元宇宙，互联网的下一站

过去五十余年间，互联网迅速发展，极大地改变了人们的生活方式，也为众多企业带来了巨额的利润。如今，移动互联网已深入各行各业，相关红利已经到顶点并开始消退，互联网的发展到了瓶颈期。汇集了人工智能、区块链、5G、云计算、AR、VR、物联网、大数据等前沿技术的元宇宙，或将成为互联网发展的下一站，为游戏、社交、教育、医疗、电商、办公等领域带来巨大的变革。

人们思想的解放和创新，推动着信息技术的发展和应用。最早的互联网是美苏冷战期间诞生的美国国防部高级计划局网络，即阿帕网（ARPANET）。1957年，苏联发射了人类第一颗人造地球卫星Sputnik。不甘落后的美国国防部随即组建了高级研究计划局，开始了科学技术如何应用于军事领域的研究。1968年10月，美国国防部高级研究计划局和BBN公司签订合同，着手研制计算机通信网络。1969

年 6 月，美国研究人员成功组建了世界上第一个分组交换网络——阿帕网，开启了第一代互联网的篇章。

第一代互联网（Web1.0）是以互联网公司为主导的网络。

这个时代的互联网公司普遍采用技术创新主导模式，比较有代表性的有网景（Netscape）、雅虎（Yahoo）、谷歌（Google）等。网景研发出了第一个大规模商用的浏览器网景导航者（Netscape Navigator），雅虎提出了先进的互联网黄页理念，谷歌则推出了广受欢迎、沿用至今的搜索引擎。

这个时代的上网设备以 PC（Personal Computer，个人计算机）为主，计算机实现了相互联通，可以进行数据通信。互联网公司聘请了很多工作人员，在互联网上注册域名、建立网站，把人类社会中的各种知识搬到互联网上。而互联网用户的主要活动是浏览各大网站，获取所需内容。互联网公司依靠巨大的点击流量盈利，网站和用户之间几乎没有交互。1995 年至 2001 年，互联网相关公司股价高速上升，投资者成立了大量互联网公司，很多投资者被红利吸引，甚至辞掉工作，专职炒股，最终形成了互联网泡沫。

第二代互联网（Web2.0）是以互联网用户为主导的网络。

2001 年秋天，互联网泡沫破裂，大批互联网公司倒闭，互联网的发展进入了一个转折点。存活下来的互联网公司逐渐转变为 UGC 模式，不再靠网站雇员单向发布内容，而是为用户提供一个 Web 平台，由用户主导生成内容。互联网用户的活动也逐渐由单纯的浏览转变为浏览、传播、创作和共同建设。用户因为兴趣聚集在一起，形成了社区、论坛、贴吧、博客等平台。

伴随着移动通信技术的发展，上网设备也逐渐由 PC 向智能手机过渡。

2000 年至 2007 年是移动互联网的萌芽阶段。

基于第二代移动通信技术规格（2G）制造的功能机曾占据大部分手机市场，德州仪器的芯片，诺基亚、摩托罗拉的嵌入式操作系统随之风靡一时。后来，无线通信与互联网技术的全面结合，催生了信号稳定、成本低廉、传输速度快的第三代移动通信技术（3G）。

与只能支持电话、短信的 2G 相比，3G 可以支持更多的媒体形式，还能为用户提供更丰富的信息服务，如在线听音乐，浏览图片、视频，举行电话会议等。2007 年，苹果公司发布第一代 iPhone，正式开启了移动互联网时代。

2008 年至 2011 年是移动互联网的培育成长阶段。

3G 移动网络基站的大面积铺设，一定程度上突破了移动网络传输速度的限制。各大互联网公司都在想尽办法抢占移动互联网入口，如阿里、腾讯、搜狐、360 等都推出了自己的手机浏览器，新浪、网易等与手机制造商合作，在智能手机出厂时预装自己开发的应用。智能手机终端的应用软件越来越丰富，移动互联网的使用场景从门户网站转变为各类应用，娱乐性大大提升。

2012 年至 2013 年是移动互联网的高速发展阶段。

这一阶段，谷歌开发的 Android 操作系统得到大规模商业化应用，功能机逐渐被淘汰。此时，手机厂商间的竞争也越发激烈。得益于高通和联发科的低端手机芯片等成本较低的物料，手机厂商生产了大批千元内的智能手机，让智能手机在低收入人群中迅速推广开来。

与此同时，智能手机的规模化应用也推动了移动互联网快速发展。人手一部的智能手机，让移动互联网变得更加开放、共享、去中心化。人们可以摆脱时间和地域的限制，更方便地获取自己需要的信息并分享自己的观点。国内外手机厂商相继推出了手机应用商店，互联网公司纷纷将自己的应用在各手机应用商店上架，移动互联网应用数量剧增。

2014 年至今是移动互联网的全面发展阶段。

第四代移动通信技术（4G）结合了 WLAN 技术和 3G 通信技术，传输数据的速率更快，无线通信的信号更加稳定，兼容性也更好。4G 网络的大面积部署，基本破除了移动网络传输速度的限制，移动互联网应用开始全面发展。

手机网速的极大提高，改变了移动互联网的使用方式。很多公司利用移动互联网开展业务，推出了视频应用、手机游戏，电商平台迅速兴起。公司和用户之间的交互形式也在发生变化，从用户的主动搜索逐渐变为公司的智能主动推荐。

　　元宇宙时代是互联网的下一个发展阶段，有人将其称为第三代互联网（Web3.0）。

　　在这个阶段，各个网站、应用不再相互割裂，人们可以通过元宇宙平台，将多个网站、应用中的信息整合到一起。每个用户在元宇宙中都拥有自己的身份数据，并能在不同网站、应用中使用。

　　在元宇宙时代，用户不再是简单地去浏览、创作内容，而是身处在内容之中。元宇宙将为用户带来新的生活方式，为公司带来新的商业模式，推动人类走向数字文明的新纪元。

元宇宙中的必备元素

　　作为元宇宙第一股，Roblox 公司在招股书中提出了元宇宙的八个必备元素：虚拟身份（Virtual identity）、朋友（Friends）、沉浸感（Immersive）、低延迟（Low Friction）、多元化（Diversification）、随地（Anywhere）、经济系统（Economic system）、文明（Civility）。

1. 元宇宙的八个必备要素

　　（1）虚拟身份是人们在元宇宙中进行各种活动的基础。像玩角色扮演类游戏一样，在元宇宙中，我们可以摆脱现实身份的影响，自定义一个全新的虚拟身份。不同的是，这个虚拟身份不是只存在于一个或数个应用场景中，而是通用于整个元宇宙。

　　（2）朋友，或者说社交，让元宇宙中的人类社会发展壮大。在元宇宙中，我们将会拥有很多朋友，他们可能是真人，也可能是 AI。我们可以跟身边的朋友谈天说地，也可以跟天南海北的陌生人相遇、相识，成为新朋友。这些社交行为会把越来越多的人吸引到元宇宙中。

（3）沉浸感是元宇宙留住用户的根本，也是虚拟世界和现实世界密切融合的必要条件。很多人不喜欢网络游戏的原因就是游戏的沉浸感不足，与现实世界严重割裂。元宇宙需要提供等同或超过现实世界的沉浸式体验，让人们愿意在其中花费更多的时间、精力和金钱。

（4）低延迟维持着元宇宙的稳定运转。网络游戏中普遍存在的延迟问题，往往会对玩家的体验造成极大的负面影响。在元宇宙中，用户除了娱乐之外，还要进行办公、协作、交易等重要的社会活动，网络延迟不仅会影响用户体验，还可能会带来巨大的经济损失。因此，一个合格的元宇宙必须保证信息的及时同步，不能让用户感受到延迟。

（5）多元化是元宇宙发展的必然趋势。大部分传统游戏中，所有路线和目标都是开发者设计好的，玩家只能体验开发者创造的虚拟世界，玩法相对单一。而元宇宙的大部分内容是用户创建的，不同的人有不同的立场、不同的审美，他们会选择不同的路线，走向不同的目标。用户的各种奇思妙想，会让元宇宙比现实世界更丰富多彩。

（6）随地，可以延伸为任意地点、任意设备，增加虚拟

世界的开放性，减少限制。一个受到诸多限制的虚拟世界，
往往会演变成少数人的游乐场，而不是服务于大众的元宇
宙。只有超越空间、设备的限制，元宇宙才能像现实世界一
样，支撑起更多人的社会活动。

（7）经济系统是人类社会的重要组成部分，也是元宇宙
持续运转的动力来源。现在一些大型多人在线游戏中也有经
济系统，但大都不够完善，偏向于引导玩家在其中消费，产
出价值方面较为薄弱。元宇宙需要用户同时扮演生产者和消
费者，形成一个闭环的经济系统，并与现实世界中的经济系
统相融合。

（8）文明是元宇宙发展成熟的标志。目前很多游戏、社
区中已经发展出独特的文化，但普遍局限在小范围人群内，
且缺少时间的沉淀，无法称之为文明。在聚集了足够多的用
户，持续运转了足够长的时间后，元宇宙中将会产生独特的
虚拟文明。

我们简单分析一下实现这些要素所需的条件。身份和朋
友的机制在游戏中已经相对成熟，但目前游戏中的虚拟世界
范围较小且相互之间是割裂的，身份不能通用，朋友关系不
能同步。元宇宙需要更多的人参与进来，共同构建一个覆盖
范围更广、包罗万象的虚拟世界。

理想中的低延迟、沉浸式体验应该是 5 ms 以下的延时，

16 K 以上的 720° 高清影像、180 Hz 以上的刷新率，目前还很难实现。不过，VR、AR 技术的迅速发展和 5G 的逐渐普及，已经让我们看到了实现的希望。

内容的多元化依赖于 UGC 模式下的大量创作者，而吸引创作者靠的是虚拟世界中的市场经济。这就需要元宇宙在建立之初就要制定合理法律法规，维持良好的社会生态，创造市场经济的形成条件。在市场经济的推动下，自然会有大批创作者涌入，源源不断地生产多元化的内容。

随地需要完善的数字基础设施和平民化的终端设备。目前，5G 基站还在建设中，VR 头显等设备价格也居高不下，想实现随地接入虚拟世界，不仅需要时间，也需要相关设备生产技术上的更多突破。

随着移动支付的普及，现实世界中的经济系统已经基本实现了数字化，将来或许可以移植进元宇宙。此外，近年来火爆的数字货币，也可以为构建元宇宙中的经济系统提供一些参考。

至于文明，元宇宙实现之后还需要长时间的发展、沉淀，现在还很难见成效。

2. 元宇宙的其他要素

除以上八条之外，还有人提出元宇宙的其他元素，比如，构建平台、家庭空间、隐私安全等。

（1）构建平台。目前，在虚拟世界中构建 3D 模型仍具有比较高的技术门槛，很多普通人受限于此，无法成为元宇宙中的创作者。构建平台的意义就是为用户提供使用更方便的模板、操作更简单的工具等技术支持，降低建模的门槛，让更多用户成为创作者。

（2）家庭空间。受新冠肺炎疫情影响，社交隔离已经成为人们日常生活中的一部分，人们长时间待在家中，娱乐、社交、办公、会议等活动几乎都在虚拟世界中进行。在元宇宙时代，人们的生活状态与之类似，但元宇宙中沉浸式的体验将引发新的问题。当人们完全沉浸在虚拟世界中时，是看不到现实空间的，但是又有很多活动需要在现实空间中完成。这时，家中的墙体、家具等就可能会让现实空间中活动的用户发生意外。家庭空间就是划定人们沉浸在元宇宙中时在现实空间中的活动边界，防止用户发生危险。

（3）隐私安全。元宇宙要实现低延迟、沉浸式的体验，就必须获取用户的大量实时信息，这就带来了很大的隐私安全风险。在科技发展史上，很多看似发展前景非常好的项目，最终都因为无法解决信息安全问题而夭折。因此，要成功构建一个持续稳定运转的虚拟世界，隐私安全也是关键的一步。

　　总体来说，目前元宇宙的概念还比较模糊，没有人能给出一个完全准确的定义。关于元宇宙中的必备元素，还有很多种说法，但基本都包含在上述元素之内，这里就不再详细介绍。

元宇宙概念股的火热

2021 年 3 月 10 日，在线游戏创作平台 Roblox 在纽约证券交易所上市。上市当天，Roblox 的股价从 45 美元涨到了 70 美元，市值突破 400 亿美元。随后几个交易日，股价更是一路走高，超过了 100 美元，市值突破 500 亿美元。可见，元宇宙概念受到资本市场的欢迎，许多公司开始热炒元宇宙概念。

在这些公司中，最具代表性的是深圳中青宝互动网络股份有限公司。2021 年 9 月 6 日，中青宝官方微信公众号发布了一篇文章，名为《元宇宙赛道崛起 网游老兵砥砺奋进踏征程》。在这篇文章中，中青宝公司表示，将推出一款把虚拟映射到现实中的元宇宙游戏《酿酒大师》。游戏中玩家自己"亲手"酿酒，可以在线下提酒；合作的酒厂品牌将会获得 NFT（非同质化通证）认证，玩家可以通过圈子内部拍卖来获得收益，也可以映射到线上，在更大的平台进行拍卖交易。次日，中青宝股价直线上升，并很快涨停，收盘价9.84元。

紧随其后的是完美世界股份有限公司。2021年9月8日，完美世界在投资者互动平台上表示，游戏是最贴近元宇宙的产品形态，公司擅长的MMORPG与元宇宙的特征一脉相承。公司正在积极探索现有优势与未来技术结合以应用于元宇宙领域的多种可能性，并已在目前的游戏研发中融入元宇宙相关元素，期待给玩家带来更丰富的感受和体验。消息发布后，完美世界的股价很快开始上扬。

同样是在9月8日，浙江金科汤姆猫网络科技有限公司在投资者互动平台说："在《我的汤姆猫》产品中，公司曾使用AR扩频技术，使汤姆猫的虚拟形象可以在实景中得以呈现。公司坚定看好元宇宙发展方向，已经成立了元宇宙方向的专项工作组，协调境内外的研发团队，对特定品类的产品进行概念开发与立项工作。"9月7日至9月13日，汤姆猫股价区间涨幅57.1%。

2021年6月28日，宝通科技设立子公司海南元宇宙，经营数字内容制作、信息系统集成、人工智能硬件销售及软件开发等元宇宙相关领域。7月，宝通科技对海南元宇宙增资。8月30日，宝通科技又发布公告称，将积极拓展VR、AR、MR领域的新业务，结合云计算和元宇宙等创新游戏业务的新模式，围绕新技术，推进新兴技术在游戏场景的落地。9 月 8 日，宝通科技的股价涨停，收盘价 24.11 元。

2021 年 8 月 19 日，超图软件接受调研时表示，公司正在积极研究和探索元宇宙，包括产品和应用场景的规划。GIS 是元宇宙的技术底座，云原生 GIS 技术、三维地理空间映射技术、三维地理空间可视化技术、增强现实地图等技术都将为元宇宙赋能。

2021 年 8 月 31 日，万兴科技称，公司正在建设 AI 数字创意研发中心，加强与视频创意相关的前沿技术研发，并投资国内 3D 云平台领先的提供商引力波，内外合力，积极提升公司在创新领域方面的技术实力。未来公司仍将持续深耕数字创意，不断完善 AR/VR 领域业务布局，拓展数字创意元宇宙和全新的创意领域。9 月，万兴科技股价出现两轮上涨。12 月 11 日，万兴科技放出成立元宇宙研究院的消息后，股价随即上涨 14.03%。

2021 年 10 月 30 日，昆仑万维发布第三季度报告。报告显示，Opera 的游戏浏览器与游戏引擎在报告期内进一步加深结合，加速了公司在元宇宙方向的布局。随后，昆仑万维的股价迅速上涨，11 月中旬时涨至 25.10 元。

2021 年 11 月 15 日，大富科技在互动易平台发布《投资者关系活动记录表》。表中显示，大富科技于 11 月 14 日通过电话会议与 26 家机构就控股子公司深圳市大富网络技术有限公司的 Paracraft 虚拟建模、专业生成内容和用户生成内容进行交流，公司在交流中多次提及元宇宙，并宣称大富网络为"元宇宙的完美缔造者"。11 月 16 日，大富科技股价涨停，收盘价 13.14 元，涨幅达到 20%。

2021 年 9 月以来，世纪华通也在投资者互动平台上多次提及元宇宙布局情况，认为，目前公司旗下点点互动在全球最大的元宇宙社区 Roblox 推出的《闪耀小镇（*Live Topia*）》，上线后快速取得了月活跃用户超过 4 000 万、最高日活突破 500 万、累计访问突破 6.2 亿人次、在 Roblox 平台上的用户数超过 1 亿的好成绩。同时，公司还以增强现实场景为切入点，率先提出"AR 元宇宙"概念，2021 年已独立开发完成了"上海红色经典步道 AR 导览""演艺大世界 AR 导览"两款产品。最近几个月，世纪华通的股价整体呈现上升趋势。

采取类似动作的公司还有很多，股价都有不同程度的上涨。比如，数码视讯宣称，公司有超高清编解码技术、无损压缩技术、低延时公网传输、DRM 及完整数据传输安全保护等技术，可为元宇宙提供底层技术支持。佳创视讯宣称，公司开展的 VR 业务，是涉及"元宇宙"概念的核心技术基础之一，公司仍将主要围绕 VR 与产业链上下游展开广泛合作，持续积极推进 VR 业务的运营落地。

丝路视觉表示，公司掌握着创建元宇宙的核心技术，以"万物智联、数字孪生"、VR/AR、三维可视化地理位置搜寻全息通信、全真互联网、元宇宙构建技术等，与华为合作开辟万物智联、可视化全真互联网新时代。三七互娱表示，游戏作为元宇宙一种呈现形式，未来前景值得探索，公司将动态跟踪行业用户需求变化，紧跟行业技术发展步伐，保持对这一领域的密切关注和投入。目前，公司已投资了优质的VR 内容研发商 Archiact 布局内容生态等，不断完善 VR/AR 领域的整体布局。

此外，利亚德、风语筑、新开普、平治信息、歌尔股份、佳禾智能、立讯精密、天神娱乐、苏大维格、会畅通讯等多支元宇宙概念股股价也曾一度飙升。不过，元宇宙毕竟是一个宽泛的概念，这些公司提到的业务最终能否支撑起业绩的持续增长，现在还不能确定。对于元宇宙概念股，广大投资者仍需保持理性。

元宇宙概念引发的争议

不到一年时间，元宇宙已经被资本炒得火热，多只元宇宙概念股迅速涨停，各大科技巨头纷纷入局。与此同时，元宇宙还入选了《柯林斯词典》2021年度热词、"2021年度十大网络用语"、入选《咬文嚼字》"2021年度十大流行语"，似乎所有人都非常看好元宇宙。实际上，元宇宙概念的爆火在社会上引发了较大的争议，赞同的人虽然很多，持反对意见的人也不在少数。

反对元宇宙的人大致可分为两类。

第一类人占了大部分，他们认可元宇宙在未来的价值，但认为现阶段的元宇宙只是概念炒作，距离真正实现还有很长的时间。持此观点的代表人物是360集团创始人周鸿祎。

周鸿祎表示，元宇宙概念近期炒得很热，很多相关概念股的价格因此高涨，不少公司也借机找到了新的圈钱手段，但他并不看好。元宇宙如果真的按照Facebook的设想发展，那它不仅不能代表人类的未来，反而会导致人类的没落。

在他看来，科学技术的发展方向应该是解决核聚变问题，实现能源自由；或者解决航天问题，走出地球。构建真正意义上的元宇宙，确实可以推动人类社会的发展，但不应该成为人类社会的终点。目前的元宇宙概念，还没有体现出推动社会发展的作用。

这种观点有一定的道理。我们可以看到，越来越多的人和资金涌入元宇宙领域，但元宇宙的定义还没有完全确定下来。基于目前的技术水平，想要在短期内把元宇宙变为现实，也确实存在很大的难度。

根据高德纳咨询公司提出的新兴技术成熟度曲线，每项新的技术都会经历科技诞生的促动期、过高期望的峰值、泡沫化的低谷期、稳步爬升的光明期、实质生产的高峰期。有部分人认为，经过资本的炒作和媒体的宣传，元宇宙如今正处于过高期望的峰值，存在巨大的经济泡沫。之后泡沫破裂，元宇宙就会进入低谷期。目前元宇宙概念股票的价格并非由真实的收益驱动，而是由空洞的概念和人们的幻想驱动。现在追逐元宇宙热点，为这个空洞的概念投资是非常不明智的。

在元宇宙的风口之下，这些人的态度是保持理性、继续观望。当然，理性不代表放弃，而是为了更长远的发展。等元宇宙度过低谷，发展到稳步爬升的光明期，才是投资的好时机。

与此同时，资本市场的过度炒作也引起了证券监管部门的关注。2021 年 11 月，深圳证券交易所对多家涉及元宇宙概念股的公司下发关注函，要求他们具体说明自己主营业务与元宇宙的相关性，以及能否形成稳定业务模式、是否存在"蹭热点"行为等。

随后，《经济日报》发表文章《热炒"元宇宙"概念股不可取》。文中提道，"个人投资者应对当前被热炒的'元宇宙'概念股保持清醒认识，切莫贸然为一个刚刚兴起且不成熟的概念买单。判断行业的成长性，首先，要看应用终端是否普及，能否建立虚拟和现实的联系。其次，要有真实的内容建设和落地场景。当'元宇宙'终端产品的销量提升，带动终端厂商、代工厂需求提升；内容公司开始提供出其他具有社交属性的内容产品；不断有新技术和公司对'元宇宙'的各个组成部分进行优化时，这个行业才真正开始走向成熟。"

第二类人占了小部分，他们从根本上质疑元宇宙存在的意义，认为元宇宙会阻碍现实社会的发展。持此观点的代表人物是《三体》作者刘慈欣。

刘慈欣担心人类会沉浸在虚拟世界中，放弃现实社会的发展。比起构建虚拟的元宇宙，刘慈欣更希望人类能继续对航天方面的研究，全力探索现实的宇宙。这一点在他的科幻作品中有广泛的体现。

在科幻著作《三体》中，刘慈欣曾写道，"人类面前有两条路：一条是向外，通往星辰大海；一条向内，通往虚拟现实。"在《不能共存的节日》中，刘慈欣也再次提出星际航行和虚拟世界二元对立的观点。在《时间移民》中，刘慈欣写道："无形世界的生活如毒品一样，一旦经历过那样生活，谁也无法再回到有形世界里来，我们充满烦恼的世界对他们如同地狱一般。"

2018 年 11 月 8 日，刘慈欣在美国首都华盛顿获得阿瑟·克拉克基金会颁发的"想象力服务社会"奖。在颁奖典礼上，刘慈欣非常惋惜地说道："世界正向着与克拉克的预言相反的方向发展。"他还说，在《2001：太空漫游》中指出，在已经过去的 2001 年，人类已经在太空中建立起壮丽的城市，在月球上建立起永久性的"殖民地"，巨大的核动力飞船已经航行到土星。而在现实中的 2018 年，再也没有人登上月球，人类在太空中航行的最远距离，也就是途经我所在的城市的高速列车两个小时的里程。

与此同时，信息技术却以超乎想象的速度发展，网络覆盖了整个世界。在 IT 所营造得越来越舒适的安乐窝中，人们对太空渐渐失去了兴趣。相对于充满艰险的真实的太空探索，他们更愿意在 VR 中体验虚拟的太空。

演讲过程中，刘慈欣还化用了第二个登上月球的人类、美国宇航员巴斯·奥尔德林的一句话："说好的星辰大海，你却只给了我 Facebook。"演讲即将结束时，刘慈欣对自己的观点做了一个总结："从长远的时间尺度来看，在这无数可能的未来中，不管地球达到了怎样的繁荣，那些没有太空航行的未来都是暗淡的。"

2021 年 10 月，扎克伯格宣布 Facebook 改名为 Meta，让元宇宙概念火爆全球。对此，刘慈欣表示："扎克伯格的元宇宙不但不是未来，也不该是未来。""人类的未来，要么是走向星际文明，要么就是常年沉迷在 VR 的虚拟世界中。如果人类在走向太空文明之前就实现了高度逼真的 VR 世界，将会是一场灾难。"

从目前来看，刘慈欣的观点似乎有些过于悲观。元宇宙将给人类未来带来怎样的改变，还需要时间的验证。

第 2 章

元宇宙世界的"抢跑者"

扎克伯格和"Meta"公司

　　1984 年 5 月 14 日，马克·艾略特·扎克伯格出生在纽约的一个犹太人家庭。中学时期，扎克伯格就表现出了非凡的才能。2004 年，就读于哈佛大学的扎克伯格和两位室友一起建立了著名的社交网站 Facebook。

　　接下来的十几年里，大受欢迎的 Facebook 给扎克伯格带来了极高的声誉和巨额的财富。2010 年，扎克伯格当选《时代》周刊年度人物；2015 年，扎克伯格在美国《福布斯》杂志公布的全球最具影响力人物名单中位列第 19 位；2021年 4 月，扎克伯格以 6 530 亿元人民币财富位列《2021 胡润全球白手起家 U40 富豪榜》第 1 位。

　　近年来，扎克伯格一直致力于 VR 和 AR 技术的开发与应用，并为此投入了巨额的研发资金。Facebook 旗下的 Oculus Quest 2 和 Facebook 无线 VR 头显一经推出就大获成功，增强了扎克伯格对 AR 和 VR 领域投资的信心。随着互联网、VR、AR、AI、区块链技术的高速发展，构建元宇宙的基本条件正在逐渐形成，扎克伯格也正式迈出了探索元宇宙的脚步。

2021 年 7 月 29 日，扎克伯格在财报会议上宣布，Facebook 将在 5 年内转型成为元宇宙公司。2021 年 10 月 28 日，扎克伯格在"Facebook Connect 2021"增强现实和虚拟现实发布会上宣布，将 Facebook 公司更名为"Meta"。这个新名称是扎克伯格对公司的定义，确定了公司未来发展的方向，表明了他进军元宇宙领域的决心。

发布会上，扎克伯格称元宇宙为"互联网的下一个篇章"，并明确表示，它也将是 Meta 公司的新篇章。从文字到图片，再到视频，科学技术的发展让人们的沟通和表达越来越方便、自然。但在扎克伯格看来，这些社交方式远远不是终点，元宇宙将会带给人们真正的沉浸式体验。

在扎克伯格构想的元宇宙中，人们几乎能够做到现实世界中的一切事情。人们可以将自己的全息影像瞬间传送到元宇宙中的任何位置，无论是工作、学习，还是探亲、访友，人们都不必再把时间和精力浪费在路上。此外，现在的很多实体事物也将被虚拟影像替代，人们不再需要棋牌、电视机等娱乐工具，也不再需要显示器、键盘、鼠标等工作设备。如果这样的元宇宙得以实现，将有效解决部分通勤族上班问题，减少碳排放。

不可否认，如今人们的生活已经离不开智能手机和电脑，很多人一天中的大部分时间都是面对着一块儿屏幕。扎克伯格认为，构建元宇宙并不是要让人们把更多的时间用在屏幕上，而是要将人们用在屏幕上这部分时间的体验变得更好。

扎克伯格表示，元宇宙不会仅由一家公司创造，而是由众多创作者和开发者共同构建。这将开启一个更庞大，也更具活力的经济体系。在这个过程中，Meta 公司将会扮演一个推动基础技术、社交平台和创意工具发展的角色，让元宇宙成为现实，并全力开发元宇宙在社交领域的巨大潜力。

过去的几年里，Facebook 取得了不错的成绩，但发展过程并不那么顺利。扎克伯格意识到，只是制造人们喜爱的产品是不够的，还需要让人们能放心用并且用得起。毫无疑问，元宇宙将会带来新的环境和机遇，但也会带来新的风险和挑战。扎克伯格希望在开始阶段就为元宇宙建立一个稳定的生态系统，让消费者和创造者都能从中受益。

元宇宙需要接入各种各样的设备，不同的设备除了数据层面的互联互通外，还需要做到交互层面的无缝衔接。扎克伯格认为，想要构建元宇宙，设备标准的开放和设备交互性的提高是急需解决的技术难题。

互联网发展过程中出现了严重的隐私和安全问题，直到现在仍未能彻底解决。元宇宙中的 Avatar 不仅包含传统互联网意义上的账号、密码、个人身份等信息，更承载着人们的各项生物信息。元宇宙中的 Avatar 一旦被盗用，就像现实生活中被他人冒名顶替，往往会导致非常严重的后果。扎克伯格将隐私和安全列为元宇宙的一大要素，认为它应该在元宇宙形成的第一天就融入其中。

只有能够服务于每一个普通人，元宇宙才算真正实现，价格高昂的设备显然是构建元宇宙的巨大阻力。扎克伯格表示，为了让尽可能多的人加入进来，共同推动元宇宙的建设，Meta 公司计划以成本价或补贴价出售相关设备。与此同时，Meta 公司将继续支持个人电脑的侧面安装和流式传输方式，为人们提供更多的选择。Meta 公司的目标是尽可能多地为开发者和创作者提供低费用的服务，最大限度地提高整体创意经济。扎克伯格希望在未来 10 年内，元宇宙能拥有 10 亿用户和价值数千亿美元的数字商务，并为数百万创作者和开发者提供工作岗位。

明显与 Facebook 这个社交属性的名称不同，Meta 意味着包涵万物、互联互通。扎克伯格表示，Meta 公司要做的是构建技术，将人们聚集在一起，而不是单纯地构建一个社交应用。Facebook 这个产品已经无法代表他们今天所做的一切，更无法代表他们的未来。他希望将他们的工作和身份定位于他们正在构建的元宇宙，希望将来的 Meta 公司作为一家元宇宙公司而被社会认可。

为此，扎克伯格正在对 Meta 公司进行根本性的改革。Meta 公司将会更重视元宇宙的建设和开发，不再以 Facebook 为核心，未来人们将不再需要用 Facebook 账户来登录 Meta 公司的其他服务。扎克伯格表示，Meta 公司将会用新的方式把人们聚集在一起，公司的产品也会开始用新品牌冠名。

在扎克伯格眼中，元宇宙将会超越屏幕的限制，超越距离和物理的限制，超越今天可能的一切，人类将走向一个所有人都可以相互陪伴、创造新机会、体验新事物的未来。他希望更多人了解 Meta 公司和它所代表的未来，一起加入构建元宇宙的工作中。

微软公司的"企业元宇宙"

提起微软公司，大家最先想到的可能是 Windows 操作系统和 Office 系列软件。其实，微软公司推出的产品远不止这些。在 VR、AR、MR、区块链、人工智能等领域，微软也颇有建树。

在这些领域中，微软一直是 Facebook 强劲的对手。在元宇宙这个新课题上，两家公司也已经展开了竞争。不过与激进的 Facebook 不同，一向谨慎的微软并没有直接把目标放在成熟的元宇宙上，而是从自己熟悉的办公协作应用入手，计划先打造一个"企业元宇宙"。

2021 年 5 月，微软 CEO 萨提亚·纳德拉表示，微软正致力于搭建一个企业级的元宇宙。2021 年 7 月，萨提亚·纳德拉在微软全球合作伙伴大会上表示，微软将通过 HoloLens、Mesh、Azure 云、Azure Digital Twins 等一系列整合虚拟环境的新应用程序，构建一个与现实世界持久、稳定连接的数字世界，帮助企业实现数字世界与现实世界的融合。与此同时，他还明确提出了"企业元宇宙"的概念。

在萨提亚·纳德拉的描述中，企业元宇宙是一个融合了物联网、数字孪生和混合现实技术的基础设施堆栈新平台。使用微软的企业元宇宙堆栈，客户可以从数字孪生开始，通过建立丰富的物理或逻辑数字模型，将物理对象或环境数字化，形成一个跨越人、场地、事物及其相互作用的复杂环境。数字孪生构建出的虚拟环境将与物理世界中的现实环境实时同步，客户可以通过混合现实来监控整个环境，并在其中协同办公。此外，客户还可以通过运行模拟和人工智能的应用，来分析和预测未来的发展状态。如果这些得以实现，将进一步提高微软在专业软件市场的主导地位。

眼见 Facebook 改名 Meta，并大刀阔斧地进军元宇宙，微软也紧随其后，正式迈出了探索元宇宙的脚步。2021 年11 月 2 日，微软全球合作伙伴大会在线开幕。萨提亚·纳德拉在大会上宣布了 90 多项新服务及更新，其中包含人工智能、数字化转型及数字安全等构建元宇宙所需的关键技术。

在微软看来，元宇宙的本质就是构建一个与现实世界持久、稳定连接的数字世界，并与现实世界共享体验。如此一来，人们就能够将计算嵌入现实世界中，并将现实世界嵌入计算中，从而为数字世界带来真实的存在感。在企业加速数字化转型的过程中，元宇宙可以借助数字替身等高效的协作方式，让人们在数字世界中会面，更加自然地沟通交流。

微软如今有条件提供驱动元宇宙所需的一些基础资源。物联网可以在云端为现实世界构建"数字孪生"；Microsoft Mesh 可以通过混合现实设备，更好地营造出现场感；人工智能可以帮助制造以自然语言进行交互并拥有视觉处理能力的机器学习模型。

这次大会上，微软还围绕元宇宙推出了两个重要项目：Dynamics 365 Connected Spaces 和 Mesh for Microsoft Teams。在新冠肺炎疫情的影响下，我们曾一度进行远程工作或学习。很多人发现，自己非常喜欢远程工作模式，但当面合作也必不可少。据此，微软提出了一种新的混合工作模式，即通过协作应用程序打破通信、业务流程和协作之间的障碍，让人们在数字世界中当面合作。

Dynamics 365 Connected Spaces 提供了一个全新的视角，帮助管理者更清晰地观察客户在零售商店、员工在工厂车间等场景下的移动和交互方式，并借此了解如何在混合工作环境中优化健康及安全管理制度。借助人工智能驱动的模型，人们可以在任何时间观测数据，也可以在任何空间进行交互。

Mesh for Microsoft Teams 是将混合现实工具 Mesh 引入微软现有的协作中心 Team 中，以便提供更好的协作体验。Mesh for Microsoft Teams 将允许不同地理位置的人们通过 Teams 加入协作，进行召开会议、发送信息、处理文档等工作，并共享全息体验。在这种新型的协作中，人们可以个性化定制一个虚拟形象来模仿自己的动作和手势，得到更具沉浸式的体验，且无须任何特殊设备。微软称，此产品预计于 2022 年上半年推出。

此外，萨提亚·纳德拉在接受采访时表示，虽然微软在探索元宇宙的初期专注于企业级应用，但 Xbox 游戏平台将来也会加入元宇宙。他说："你可以期待我们在游戏领域的表现。如果你把《光晕（Halo）》当成一款游戏，它就是一个元宇宙。《我的世界》也是一个元宇宙，《飞行模拟（Flight Sim）》也是如此。从某种意义上说，它们今天是 2D 的，但我们将把它们带到一个完整的 3D 世界。"

相比 Meta 的激进举措，微软从企业级应用和游戏维度进军元宇宙，似乎更务实一些。微软让资本市场看到了更明确的发展前景，资本市场也给了微软更多的经济支持。截至北京时间 2021 年 11 月 3 日凌晨，微软公司市值已突破 2.5 万亿美元（约合人民币 16 万亿元），成为美股之首。

在"企业元宇宙"的构建过程中，微软也进一步认识到了元宇宙在其他方面的巨大潜力。2021 年 11 月 19 日，萨提亚·纳德拉在红杉数字科技全球领袖峰会上表示，微软对元宇宙十分感兴趣，将会把握新机遇，采取"全栈式"战略布局元宇宙。

　　萨提亚·纳德拉说:"元宇宙跨越了物理和数字世界,将人、物、场在商业和消费互联网中融于一处,我们或许不该把它看成是单独的消费市场或企业级市场的现象,因为融合可能才是必需的。虽然没有那么引人入胜,但从某种意义上来说,新冠肺炎疫情中的视频会议的普及已经让我们多少体验到了一个 2D 的元宇宙。那么,如果有一个 3D 的元宇宙,又会怎样呢? 能够真正超越空间和时间,这无疑是一个重要的发展方向。我对这些,感到非常兴奋。"

英伟达的"Omniverse"平台

1993 年，怀着 PC 有朝一日会成为畅享游戏和多媒体消费级设备的信念，黄仁勋、Chris Malachowsky 和 Curtis Priem 共同创立了图形芯片公司英伟达（NVIDIA）。1999 年，英伟达发明了图形处理器，重新定义了现代计算机图形技术。在探索元宇宙的道路上，英伟达也站在了时代的前列。

2019 年 3 月的 GTC 大会上，英伟达首席执行官黄仁勋提出，建立 NVIDIA Omniverse 的构想。黄仁勋表示，NVIDIA Omniverse 将是一个基于英伟达 RTX 系列 GPU 和皮克斯 Universal Scene Description 建立的开放式 3D 设计协作平台，主要应用于实时图形和仿真模拟。他希望，这个平台可以改变设计和工程行业的工作流程，加快项目设计，提高生产效率。

2020 年 5 月，英伟达推出了 Omniverse 平台抢鲜体验版。此版本内置了可兼容多种工具的门户连接功能模块，可以帮助创作团队在项目开发过程中实时协作，更方便地进行建模、着色、动画、照明、渲染等工作。

2020 年 10 月的 GTC 大会上，英伟达宣布，Omniverse 平台已进入公测阶段，即将开放下载。黄仁勋说："物理和虚拟世界将会日益融合。Omniverse 让位于全球各地居家办公的创作者团队，让他们能够像编辑文档一样在同一个设计上轻松开展协作。这是《星际迷航》全息甲板的初始，它终成现实。"

2020 年 12 月举行的 RTX30 系列显卡发布会上，英伟达宣布，Omniverse 平台正式开放公测。此次公测版本的Omniverse 平台为影音娱乐类项目的设计师和创作者提供了 Ominiverse Create，为建筑设计工程师提供了 Omniverse View，为深度学习领域的研究人员提供了 Omniverse Kaolin。此外，还有制作游戏片头、过场动画的工具 Omniverse Machinima，用 AI 模拟和追踪人类说话时面部变化的工具Omniverse Audio2Face，模拟物理效果、照片写实风格化的工具 Issac Sim。

2021 年 4 月 12 日，英伟达举行了首款 CPU 的线上发布会。会上，黄仁勋再次介绍了公测中的 Omniverse 平台，并透露于 2021 年夏天正式商用；2022 年 1 月 6 日，英伟达宣布，将免费为个人创作者提供实时 3D 设计协助工具Omniverse。黄仁勋说："Omniverse 旨在创建共享虚拟 3D 世界，就像 20 世纪 90 年代尼尔·斯蒂芬森在小说《雪崩》中所描述的科幻空间那样。"此次发布会上演讲的黄仁勋，有 14 秒的画面是利用 Omniverse 平台构建的虚拟形象。

2021 年 8 月 11 日，英伟达将 Omniverse 定义为全球首个为元宇宙建立提供基础建模和协作的平台，并宣布将联手 Adobe 和 Blender，对 Omniverse 进行重大扩展，并向数百万新用户开放。

2021 年 11 月 9 日，英伟达在 GTC 大会上发布了 Omniverse 企业版，以及 Omniverse Avatar、Omniverse Replicator 等功能更新。Omniverse Avatar 是用于生成交互式 AI 化身的技术平台；Omniverse Replicator 则是一种合成数据生成引擎，可以基于现有数据持续生成用于训练的合成数据。据黄仁勋介绍，自 2020 年 12 月开放公测以来，Omniverse 已被 500 多家公司的设计师使用，总下载量超过 70 000 次。

在这将近一年的时间中，Omniverse 平台的应用取得了不错的成果。宝马公司使用 Omniverse 设计了整个工厂的数字孪生，用于厂区的规划和测试。西门子能源公司使用 Omniverse 构建了发电厂的数字孪生，用于模拟热回收蒸汽发生器工作中的腐蚀过程，实现设备的预测性维护。爱立信公司使用 Omniverse 构建了一个城市的数字孪生，用于配置、运营和持续优化其 5G 天线和无线电天线。凭借出色的表现，Omniverse 平台被《时代》周刊评选为 2021 年最佳发明之一。

如今，Omniverse 已发展成一个高度集成且易于扩展的开放式平台，为许多工程师提供虚拟协作服务和物理级准确的实时模拟。创作者、设计师、研究人员和工程师可以连接主要设计工具、资产和项目，从而在共享的虚拟空间中协作和迭代。开发者和软件提供商还可以在 Omniverse 的模块化平台上轻松地构建和销售扩展程序、应用、连接器和微服务，以扩展其功能。

Omniverse 平台包含 5 个主要组件：Omniverse Connect、Nucleus、Kit、Simulation 和 RTX。这些组件连同其他 Omniverse 微服务以及第三方数字内容创作工具，共同组成了完整的 Omniverse 生态系统。

通过实时整合用户和主流行业 3D 设计工具，Omniverse 平台打造了一个多用户设计协作的交互式环境。用户无须准备数据，便可即时进行更新、迭代和更改，轻松取得丰富的创意成果，大大简化了工作流程。笔记本电脑、数据中心或任何其他搭载了 RTX 的设备上都可以运行 Omniverse，显著缩短了投产时间。

借助 Omniverse 平台，创作者只需要构建一次模型，即可在不同设备上渲染，并在任何设备上实现 NVIDIA RTX™ 技术渲染的逼真度。创作团队中的各个成员可以更轻松地分享工作成果，并确保成果原样呈现。

此外，Omniverse AI ToyBox 中的扩展程序 GANverse3D-

Image2Car 可以将 2D 图像转为 3D 模型，有效缩短了 3D 模型的构建时间，加速了相关工作流程。利用这个扩展程序，研究人员和创作者可以在 Omniverse Create 中更频繁地进行实验。

Omniverse 提供了可扩展的、真实的实时光线追踪和路径追踪，可以实时实现精美、物理属性准确且逼真的视觉效果。Marbles RTX 由分布在多地的艺术家和工程师团队在 Omniverse 中创建，它将 VFX+ 质量的资源组合为一个完全物理模拟级别的游戏。与此同时，NVIDIA PhysX5、Blast 和 Flow 的实时物理模拟功能均可在 Omniverse 中轻松使用。艺术家、设计师、创作者和开发者可以使用 Omniverse Create、Isaac Sim™ 或 DRIVE Sim™，轻松地将超逼真的物理属性应用到他们的创作中。

NVIDIA DRIVE Sim 不仅具有超高保真度，还包含物理级准确的模拟功能，可以为自动驾驶技术带来测试所需的精度、可靠性和实时性能，还可以帮助工程师完成复杂的工作负载、轻松虚拟化机器人和通过传感器生成逼真的图像。如果更进一步，将模拟变为部署在真正的机器人上，或许可以实现无缝的"远距传送"。

平台内置的立体可视化工具 NVIDIA IndeX，支持用户通过交互方式，可视化整个数据集，并能加速收集更深入见解的过程。用户可以随时更改彩色地图来突出数据的细微属性，查看整个时间序列的横截面，并利用环境光遮蔽和阴影等功能来检查数据的关键组件。

得益于新的 Omniverse 应用、扩展程序和 Connector，Omniverse 平台实现了持续增强。Omniverse 平台正在改变建筑工程、媒体娱乐、生产制造、超级计算、游戏开发等行业的工作流程，也将为构建元宇宙提供强大助力。

Roblox——"元宇宙第一股"

Roblox 是世界最大的多人在线创作游戏平台。与其他游戏公司不同的是，Roblox 的主要工作并不是制作游戏以供用户游玩，而是为用户提供游戏开发工具和平台，让用户自行创作游戏。Roblox 的用户中不仅有游戏玩家，更有大批游戏开发者。由于这样特殊的机制，Roblox 平台上几乎每天都会有新游戏诞生，为这个平台注入了源源不断的活力。

Roblox 平台提供的服务可分为三部分：Roblox Client、Roblox Studio 和 Roblox 云服务。Roblox Client 是一个面向玩家的应用程序，是玩家探索虚拟世界的入口；Roblox Studio 是面向开发者的工具箱，允许开发者创作、发行和运营各类游戏；Roblox 云服务是支持 Roblox Client 和 Roblox Studio 的基础架构，为用户的操作提供实时响应。现在的 Roblox 平台已经拥有了元宇宙的一些要素，如便捷登录、虚拟身份、社交系统、经济系统、低延迟、沉浸感等。

Roblox 平台支持 iOS、安卓、PC、Mac、Xbox 以及 SteamVR 设备登录。这意味着用户不需要购买特定的设备，就可以很方便地进入 Roblox 构建的虚拟世界进行游玩；开发者创作出游戏后，也可以更方便地发布到多个设备平台。虽然目前 Roblox 平台的便捷度与我们期待中元宇宙的便捷度之间还有一段很长的距离，但随着科学技术的进步，这个距离会逐渐缩短。

Roblox 平台的每个用户都有自己独立的虚拟身份。Roblox 平台支持用户自定义虚拟形象，用户不仅可以设置自己虚拟形象的性别、职业、身体、服装，还可以设置情绪、动作、性格、爱好等。虽然这些虚拟形象还比较粗糙，但用户的虚拟身份可以在平台内跨游戏认证，这就让 Roblox 平台的虚拟身份在性质上更接近现实中的人，而不是游戏中的角色。当然，想要构建一个真正意义上的元宇宙，Roblox 必须对虚拟形象进行大幅度的升级。

得益于优秀的运营机制，Roblox 平台吸引了大量用户参与游戏的开发和游玩，并由此衍生出了发达的社交系统。Roblox 平台中的游戏普遍没有新手教程，但老玩家和开发者会主动帮助新玩家熟悉游戏玩法，并向新玩家推送自己的其他作品。这种互惠互利的社交方式在 Roblox 平台内迅速普及，最终构建出了一个规模庞大的互动社区。

Roblox 平台拥有自己的虚拟经济系统。这个体系的充值系统和腾讯公司推出的 Q 币类似，玩家可以使用现实货币充值虚拟货币 Robux，并用 Robux 购买游戏及游戏中的各类道具。但因为 Roblox 与腾讯游戏资源的来源完全不同，Robux 收益的最终归属与 Q 币产生的收入归属有明显区别。腾讯的游戏资源来自收购或自家工程师的开发，Q 币的收入自然都归腾讯所有。Roblox 的游戏资源则大部分来自用户的创作，要维持和提升用户的创作动力，Roblox 需要将 Robux 收入的一部分返还给开发者。

2013 年，Roblox 平台推出了创作者交易计划。这个计划允许开发者自行设计他们游戏中的经济模型和付费内容，并将他们作品收入的一部分作为酬劳，以 Robux 的形式发放给开发者。当有玩家购买付费游戏及游戏中的付费道具，或在免费游戏中游玩一定时间后，开发者就会获得分成。最重要的一点是，开发者可以将收到的 Robux 兑换成现实货币。如此一来，Roblox 平台实现了经济系统的闭环，给开发者带来了源源不断的创作动力。此计划推出后短短几年时间，Roblox 平台上就有了数百万的创作者和上千万的游戏作品。

对玩家来说，网络延迟对游戏体验的影响非常大。Roblox 平台采用了优质的 UGC 引擎，保证了用户流畅的游玩体验。Roblox 平台对 VR 设备的支持、接近现实的虚拟身份与流畅的游玩体验相结合，给玩家提供了不错的沉浸感。

Roblox 公司搭建的这样一个全链路闭环平台，就像是现

053 第 2 章
元宇宙世界的"抢跑者"

实世界中游戏行业的缩影。用户既可以扮演开发者，在这个虚拟世界中通过 Roblox 的工具来创作游戏，赚取佣金；也可以扮演玩家，在这个虚拟世界中消费，获得更好的游玩和社交体验。可以说，Roblox 平台是目前与元宇宙最为接近的虚拟世界。

2020 年 12 月 1 日，Roblox 公司更新了招股书，计划募资 10 亿美元，以"RBLX"为股票代码，在纽约证券交易所挂牌上市。在招股书中，Roblox 公司发言人表示："有些人将我们公司的类别称为'元宇宙'，这个词通常用于描述具备持久性和共享性的 3D 虚拟世界。随着智能设备、云计算和互联网的高速发展，'元宇宙'这个概念正在逐渐成为现实。"

Roblox 公司的融资非常顺利。虽然由于支付开发者高额酬劳等原因，Roblox 公司连年亏损，但预定收入的增长非常显著。元宇宙概念的火热，也让资本市场对 Roblox 公司充满信心。2021 年 3 月，Roblox 公司在纽约证券交易所成功上市。

2021 年 5 月，Roblox 公司公布了 2021 年第一季度财报。公司第一季度营收 3.87 亿美元，同比增长 140%，净亏损 1.34 亿美元。在此期间，Roblox 平台预定收入达 6.523 亿美元，同比增长 161%；平均日活跃用户数达到 4 210 万，同比增长 79%；用户游玩时长约 97 亿小时，同比增长 98%。

虽然 Roblox 公司上市之后仍在亏损，但从预定收入和用户活跃度来看，Roblox 平台的用户黏性和留存率都不错，发展前景非常乐观。因此，这些亏损并未影响资本对 Roblox 公司的支持。截至 2021 年 5 月 11 日，美股收盘时，Roblox 股价上涨已超过 40%，总市值 353.61 亿美元。

2021 年 8 月，Roblox 公司公布了 2021 年第二季度财报。公司第二季度营收 4.541 亿美元，同比增长 127%，但依然存在 1.401 亿美元的净亏损。当然，这个阶段资本市场更关注的是预定收入和用户活跃度。Roblox 公司第二季度的预订收入为 6.655 亿美元，同比增长 35%；平均日活跃用户为 4 320 万，同比增长 29%；用户游玩时长约 97 亿小时，同比增长了 13%。

2021 年 11 月，Roblox 公司公布了 2021 年第三季度财报。公司第三季度营收 5.093 亿美元，同比增长 102%，净亏损 7 400 万美元。在此期间，Roblox 公司的预定收入为 6.378 亿美元，同比增长 28%；日活跃用户（DAU）为 4 730 万，同比增长 31%；用户游玩时长约 112 亿小时，同比增长 28%。随着元宇宙概念在资本市场越发火热，作为"元宇宙第一股"的 Roblox 公司市值已超过 700 亿美元。

Epic Games 的"虚幻引擎"

　　Epic Games 是世界顶级的游戏制作团队之一。连年畅销的《战争机器》系列游戏，奠定了 Epic Games 团队在游戏领域的地位。2017 年发售的《堡垒之夜》，更是凭借自由度极高的玩法和各种联动彩蛋，在广大游戏玩家群体中获得了极高的知名度。在这些优秀成绩的背后，Epic Games 团队研发的虚幻引擎功不可没。

　　虚幻引擎是一系列开放性和完成度极高的 3D 游戏创作工具，为游戏开发者提供了大量的核心技术、数据生成工具和基础支持，受到无数游戏制作团队的青睐。虚幻引擎目前已经发布了四代，每一代都是一次巨大的革新，每次革新都让虚拟世界向现实世界迈进了一步。

　　虚幻引擎 1 发布于 1998 年。第一代虚幻引擎已经将渲染、碰撞侦测、AI、图形、网络和文件系统集成为一个完整的引擎，为游戏开发者构建虚拟世界提供了极大的便利。Epic

Games 团队基于虚幻引擎 1 开发的《虚幻竞技场》，一经推出，就在游戏圈引发了轰动。

虚幻引擎 2 发布于 2003 年。第二代虚幻引擎以 Unreal ED3 编码重写，相比第一代有了全面的强化升级，并集成了改进载具模拟效果的 Karma physics SDK。基于虚幻引擎 2 开发的《虚幻 2：觉醒》《虚幻竞技场 2003》《虚幻竞技场 2004》《部落：复仇》等游戏，在视觉效果方面都有巨大的提升。

虚幻引擎 3 发布于 2006 年，2009 年推出免费版开发工具包 Unreal Development Kit。第三代虚幻引擎是一个集合了多项优秀引擎和技术的超级引擎，在角色、环境、光照、材质贴图、法线贴图等方面都有质的飞跃，带来了极端细腻的人物和物品模型。

以法线贴图为例，利用虚幻引擎 3，开发者可以先创建一个由数百万个多边形组成的超精细模型，再对模型进行细致的渲染，最终得到一张记录了高精度模型上所有光照信息和通道信息的高品质法线贴图。

游戏运行的时候，会自动将这张渲染精度极高的法线贴图应用到一个多边形数量较低（一般为 5 000~15 000 个）的模型上。虽然游戏中模型实际的精度较低，但最终达成的视觉效果几乎与数百万个多边形组成的模型一样。这样一来，既保证了游戏的视觉效果，又在最大程度上降低了游戏对设备配置的要求，为游戏的大规模推广铺平了道路。

此外，虚幻引擎 3 中优秀的建模工具 SpeedTree，为游戏世界带来了逼真的树木、森林模型；强大的物理引擎 NovodeX，不仅运行快速稳定，还让游戏画面中很好地表现出了速度、加速度和弹性碰撞等物理概念。

与此同时，虚幻引擎 3 中还集成了多项可提高开发者工作效率的技术。比如，Seamless World Support 技术的记忆功能，可以根据先前关卡中的景物自动生成多变的景物，为此时代游戏的开发提供了技术支持。UnrealKismet 系统中的脚本语言提供了对元数据的自动支持，对文件格式有极强的兼容性，并允许开发者使用脚本属性，让开发者可以更加轻松地设计游戏关卡。从某种意义上来说，虚幻引擎 3 为虚幻世界的扩张创造了基础技术条件。

基于虚幻引擎 3 开发的《战争机器》《生化奇兵》《虚幻竞技场 3》《战地之王》《质量效应》《全球使命》《阿修罗之怒》《枪神纪》等游戏，在模型、动作和画质方面都有不错的表现。

虚幻引擎 4 发布于 2014 年。基于 DirectX 11 研发的第四代虚幻引擎，拥有一系列全新特性，如新的材料流水线、蓝图视觉化脚本、直观蓝图调试、内容浏览器、人物动画、Matinee 影院级工具集、全新地形和植被、后期处理效果、热重载、模拟与沉浸式视角、即时游戏预览、AI 人工智能、音频、中间件集成等。

开发者可以免费获得所有引擎功能、集成工具的完整套件以及整个引擎的 C++ 源码。丰富的文档、教程、资源以及包括模板、示例游戏和完整项目在内的海量免费内容，让虚幻引擎 4 更加易于使用。论坛、维基、问答、协作等要素的加入，构成了一个完整的开发者生态。

虚拟引擎 4 对多平台的支持，受到游戏开发者的欢迎。目前虚幻编辑器已经支持在 Windows、MacOS 和 Linux 平台上运行。基于虚拟引擎 4 开发的项目，可以部署到 Windows PC、PlayStation 5、PlayStation 4、Xbox One、任天堂 Switch、Google Stadia、MacOS、iOS、Android、AR、VR、Linux、SteamOS 和 HTML5 等平台。

基于虚拟引擎 4 开发的游戏非常多，知名度较高的有《最终幻想 VII：重制版》《绝地求生》《堡垒之夜》等，与元宇宙概念最为接近的就是《堡垒之夜》。除了延续传统 PVE、PVP 模式的守护家园和空降行动外，《堡垒之夜》还推出了自由建造的嗨皮岛模式，为这个游戏世界提供了更多可能。

2019 年 12 月，《堡垒之夜》在游戏中的虚拟影院中为玩家放送了一段《星球大战 9：天行者崛起》的独家片段。这是 Epic Games 团队在虚拟世界中的一次大胆尝试。

2020 年 4 月，美国说唱歌手 Travis Scott 在《堡垒之夜》里举办 "ASTRONOMICAL" 虚拟演唱会，吸引了 1 230 万观

众。借助于全息投影技术，Travis Scott 空降到《堡垒之夜》
的虚拟世界中，与观众进行了近距离互动。通过这种新型的
互动方式，我们可以看到元宇宙的部分雏形。这次演唱会的
成功，象征着 Epic Games 团队在探索元宇宙的路上迈出了
重要的一步。

2020 年 8 月，Epic Games 公司在《堡垒之夜》中推出
了一种新的内购机制，玩家可以绕过苹果应用商店的支付系
统，以优惠 20% 的价格直接向 Epic Games 付费。iOS 平台
玩家通过此机制充值时，苹果公司将无法获得 30% 的营收
分成。苹果公司很快发起反击，将《堡垒之夜》从其应用商
店下架，并且停用了 Epic Games 的开发者账号权限。为此，
Epic Games 向苹果发起了诉讼。

2021 年 5 月 3 日，此案正式开庭。Epic Game 公司 CEO
蒂姆·斯维尼在出席庭审时称，《堡垒之夜》并不仅仅是一
款游戏，而是元宇宙的一部分，苹果无权对元宇宙"征税"。
虽然法院后续的判决结果并未支持这一说法，但从蒂姆·斯
维尼的言论中不难看出，Epic Game 并没有把自己的业务局
限于游戏领域，而是在试图打造一个堪比现实世界的虚拟娱
乐世界。

Epic Games 公司对元宇宙的探索虽然缓慢，但是一步一
个脚印。2021 年 5 月 26 日，Epic Game 推出了虚拟引擎 5
的抢鲜体验版，并表示预计于 2022 年年初发布正式版。基

于虚拟引擎 5 抢鲜体验版开发的《黑神话：悟空》《黑客帝国：觉醒》等游戏已经放出了极为逼真的实机演示片段，虚拟引擎 5 正式版又将在元宇宙领域掀起怎样的浪花呢？

百度：从人工智能到《希壤》

提起百度，我们第一时间想到的通常是百度搜索、百度地图、百度贴吧，似乎与元宇宙没有太多联系。深入了解后，我们会发现，百度不仅在搜索、导航、社区等领域处于领先地位，在游戏、影音等娱乐领域也取得了不错的成就，还有小度路由、小度 TV、小度 Wi-Fi、小度智能音箱等广受欢迎的硬件产品。实际上，百度是一家拥有强大互联网基础的人工智能公司，在元宇宙的赛道上具有得天独厚的优势。

以搜索引擎为基础，百度逐渐演化出了语音、图像、知识图谱、自然语言处理等人工智能技术。最近十年间，百度在深度学习、自动驾驶、AI 芯片、对话式人工智能操作系统等前沿领域广泛投资，已发展成为全球为数不多的能够提供 AI 芯片、软件架构和应用程序等全栈 AI 技术的公司之一。

2000 年，百度公司在中关村正式成立，主营搜索业务。

一个优秀的搜索引擎，离不开自然语言处理、信息检索等人工智能技术的支持。百度公司在成立之初，就开始了人工智能技术的研发与应用。

2010 年，百度公司成立了自然语言处理部，并在机器翻译、语音识别、图像识别、知识图谱、机器学习、数据挖掘、用户理解等技术领域陆续开展研发工作。这一系列动作，标志着百度开始全面布局人工智能。

2012 年，百度公司开始研发深度学习技术，并上线了语音识别和图像识别功能。

2013 年，百度公司成立了世界上第一个深度学习研究院，将深度学习技术应用于大规模搜索排序系统，并上线了语音开放平台。

2014 年，百度公司成立百度硅谷人工智能实验室，上线了 DeepSpeech 深度语音识别系统和小度机器人。

2015 年，百度公司成立自动驾驶事业部，开始研发无人驾驶汽车技术，上线了全球首个基于深度学习的大规模在线翻译系统。

2016 年 9 月，百度公司在百度世界大会上正式发布了百度大脑，同时宣布对外开放百度 AI 核心技术。百度在人工智能领域取得的成就，得到了国内外媒体的广泛认可。《麻省理工科技评论》提到的 2016 年十大突破性技术中，百度凭借深度语音识别技术 Deep Speech2，成为唯一一家入

选的中国企业。美国《财富》杂志发表的文章《why deep
learning is suddenly changing your life（为什么深度学习会突
然改变你的生活）》中，将百度与微软、谷歌、脸书并称为
全球四大 AI 巨头。

2017 年，百度公司设立了度秘事业部、AR 实验室、智
能驾驶事业群组、深度学习技术及应用国家工程实验室，并
与北京航空航天大学合作，开设了人工智能专业。7 月，在
召开的百度 AI 开发者大会上，百度大脑 2.0 上线，正式公
布了包含基础层、感知层、认知层和平台层在内的完整技术
布局，对外开放了语音识别、图像识别、视频识别、增强现
实、自然语音处理等 90 余项 AI 核心技术。

2018 年，百度公司对外开放了 110 多项 AI 核心技术，
极大地推动了 AI 技术生态建设的进程。7 月，百度 AI 开发
者大会上，百度大脑 3.0 上线，突破了 "多模态深度语义理
解" 的难关；自主研发的 AI 芯片 "昆仑" 首次面世，包含
训练芯片 "昆仑 818-300"、推理芯片 "昆仑 818-100"。

2019 年，百度公司对外开放了 200 多项 AI 核心技术。
7 月，在召开的百度 AI 开发者大会上，百度大脑 5.0 上线，
形成了包括基础层、感知层、认知层、平台层和 AI 安全五
大部分的核心架构。百度大脑 5.0 已经成为软硬件一体的 AI
大生产平台，实现了 AI 计算、计算架构与应用场景的创新
融合。

2020 年年初，"昆仑" 芯片实现量产。9 月 15 日，在召开的百度世界大会上，百度首席技术官王海峰发布了全新升级的百度大脑 6.0。基于多年积累的 5 500 亿知识和 "知识增强的持续学习语义理解" 技术，百度大脑 6.0 已具备 "知识增强的跨模态深度语义理解" 能力，实现了机器听懂语音，看懂图像、视频，理解人类语义，感知真实世界。

2021 年 8 月 18 日，"融合创新、降低门槛" 的百度大脑 7.0 正式上线。百度大脑 7.0 带来了知识与深度学习融合、跨模态多技术融合、技术与场景融合以及软硬一体融合四重创新，将人工智能技术推上了新的高度。与此同时，百度公司发布了第二代自主研发 AI 芯片 "昆仑 2"，并宣布实现量产。

百度公司始终保持着冷静和务实的态度，并未着急入局元宇宙。百度副总裁马杰曾表示，要实现元宇宙，必须翻越 "三座大山"：显示效果、交互平台、内容生态。百度将致力于为元宇宙提供良性生态环境，帮助元宇宙尽快落地。

多年的技术积累，让百度探索元宇宙的步伐更加轻快。2021 年 10 月 29 日，百度公司提交了 "metaapp" 商标注册申请。12 月 10 日，百度宣布将于 12 月 27 日发布元宇宙产品《希壤》。12 月 21 日，首个国产元宇宙产品《希壤》正式开放定向内测，用户可以凭邀请码进入希壤空间，提前体验百度构建的 "元宇宙"。

12 月 27 日，在召开百度 Create AI 开发者大会上，《希壤》正式发布,此次大会也在"希壤 App"中举办。这是国内首次在"元宇宙"中举办的大会,会场可支持 10 万人同屏互动。

据百度官方页面介绍,《希壤》是一个以技术为基础,以开放为理念,由百度公司和客户、开发者、用户一起打造的身份认同、经济繁荣、跨越虚拟与现实、永久存续的多人互动虚拟世界。

目前,《希壤》已包含"智能互动""声临其境""万人同在""开放共创"四项功能,拥有"AI 智能""极限观感""多端兼容""永久复用"四大优势。在 VR 教育、VR 营销、VR 实训、VR 云展会、VR 产业园等应用场景中,《希壤》或许会有不俗的表现。

腾讯：新的机会，全真互联网

自 2000 年 12 月中国移动正式推出"移动梦网"以来，中国的移动互联网迅速发展。大规模覆盖的移动数据网络，改变了人们的工作和生活方式，也给很多中国企业带来了发展机遇，甚至可观的利润。腾讯公司就是一个典型的代表。

从 QQ、微信等社交软件到 QQ 音乐、腾讯游戏、腾讯视频、腾讯新闻、腾讯地图，腾讯公司占据了移动互联网的大量资源，我们的生活几乎已经离不开腾讯公司的产品。享受了移动互联网的巨额红利后，腾讯公司并未满足现状，而是迫不及待地开始探索新的道路。

2020 年 11 月，腾讯文化发行了一本名为《三观》的年度特刊，腾讯董事会主席兼首席执行官马化腾亲自撰写前言。在《三观》的前言中，马化腾在回顾过去的同时，提出了一个新的概念——全真互联网。

马化腾写道："现在，一个令人兴奋的机会正在到来，移动互联网十年发展，即将迎来下一波升级，我们称之为全真互联网。从实时通信到音视频等一系列基础技术已经准备好，计算能力快速提升，推动信息接触、人机交互的模式发生更丰富的变化。这是一个从量变到质变的过程，它意味着线上线下的一体化，实体和电子方式的融合。虚拟世界和真实世界的大门已经打开，无论是从虚到实，还是由实入虚，都在致力于帮助用户实现更真实的体验。从消费互联网到产业互联网，应用场景也已打开。通信、社交正在视频化，视频会议、直播崛起，游戏也正在云化。随着 VR 等新技术、新的硬件和软件在各种不同场景的推动，我相信又一场大洗牌即将开始。就像移动互联网转型一样，上不了船的人将逐渐落伍。"

马化腾描述的"全真互联网"，可以看成是移动互联网到元宇宙的一个过渡阶段。元宇宙意味着跨越虚拟世界与物理世界，将我们社交、生活、消费的各种平台无缝整合，而腾讯在各个环节都掌握了关键的资源。种类繁多、数量庞大的腾讯游戏，足以体现腾讯公司构建虚拟世界的技术能力；兼具支付功能的社交工具微信，也正在通过集成第三方的出行、购物等程序，促进虚拟世界与现实世界的融合。在探索元宇宙的道路上，腾讯已经占据了先机。

早在 2012 年 6 月，腾讯就收购了 Epic Games 公司 40% 的股权。当时元宇宙这个概念并不火热，但如今《堡垒之夜》取得的成功，已经证明了虚幻引擎在构建元宇宙方面的巨大价值。此外，腾讯还投资了虚拟音乐会运营商 Wave，社交媒体公司 Snap、Discord、Soul，音乐软件 Spotify，虚拟社交游戏 Avakin Life，自定义表情工具 Bitmoji 等。这些早期的投资，或许会在探索元宇宙的道路上为腾讯公司提供助力。

2018 年，在科学家刘杉博士的带领下，腾讯多媒体实验室开始了对沉浸式媒体技术的研发工作。以自由视角技术为例，人们在观看电影、线上演唱会或玩 3D 游戏时，如果可以自定义调节视角，就能极大地提升视听体验。

2019 年，腾讯与 Roblox 公司达成战略合作，在中国建立了罗布乐思官网，免费提供编程、作品设计、数字公民、创业技能等方面的教育资源，尝试通过教育渠道把 Roblox 引入中国。2020 年 2 月，腾讯投资 Roblox 公司，也体现了腾讯对 Roblox 平台运营模式的认可。

2021 年 1 月，曾任腾讯公司副总裁、腾讯人工智能实验室领导人的姚星宣布离职，随后成立了新公司"元象唯思"，并得到了腾讯的投资。元象唯思致力于打造互联网与现实世界相融合的无缝生态，将云渲染、人工智能、视频编解码及系统工程等技术引入数字孪生应用场景中，实现线上线下一体化交互体验。这个目标与马化腾提出的"全真互联网"几乎一致。

2021 年 9 月，腾讯旗下的天美工作室发布了数条招聘信息，这些信息都指向一个新项目：ZPLAN。据报道，此项目将由腾讯副总裁、天美工作室总裁姚晓光亲自带队，主打"游戏＋社交"方向，旨在打造一个庞大的开放式虚拟世界，团队规模超过千人。

2021 年 11 月 3 日~4 日，腾讯数字生态大会在武汉召开，大会主题是"数实融合·绽放新机"。腾讯公司副总裁邱跃鹏在主论坛开幕式上说："伴随着消费互联网和产业互联网的发展，一个线上线下一体化、数字技术与真实世界融合的全真互联时代正加速到来。"

在会上，邱跃鹏提出了构建"全真互联网"所需的三个重要技术趋势：第一，算力的延伸，全真互联网需要无处不在的强大算力，不留下任何死角，才能构建出与现实世界平行的虚拟世界；第二，云端的利用，在"全真互联网"中，开发者需要更好地利用云端资源，才能实现高效数字化转型；第三，网络的发展，只有超高清、超低延时的网络传输，才能让用户获得沉浸式的体验。

此次大会共邀请了 300 多位产业领袖和专家。领袖和专家们在展示前沿技术成果、创新服务场景、行业数字化转型实践案例的同时，又探讨了构筑数字技术新底座、打造数字化新案例、建设数字化新风貌的路径与方向。腾讯首席科学家张正友博士在大会 TechoDay 分论坛上表示："全真互联意味着连接一切、打通虚实。"很明显，腾讯正致力于推动线上、线下的一体化，通过高速传递信息的互联网，将人们的生产生活更紧密地联系在一起，最终实现虚拟世界与现实世界的融合。

目前来看，腾讯的"全真互联网"还在筑基阶段，但云计算、物联网、人工智能等新一代信息技术在微信平台新冠肺炎疫情防控等领域的应用，已经展现出了巨大的价值。与此同时，腾讯多媒体实验室的沉浸式媒体技术研发也取得了不错的成果，目前已拥有超过 500 项国际专利技术。腾讯对"全真互联网"的巨大投入正推动着元宇宙的发展。

字节跳动：掌握技术，布局未来

北京字节跳动科技有限公司成立于 2012 年 3 月，致力于建设"全球创作与交流平台"。该公司旗下的今日头条、西瓜视频、抖音、皮皮虾、懂车帝、悟空问答等产品，在人们的娱乐生活中也占有一席之地。与腾讯公司类似，在移动互联网时代获得了发展后，字节跳动也将目光转向了互联网的未来——元宇宙。

字节跳动是最早将人工智能应用于移动互联网场景的科技企业之一。2016 年，字节跳动成立了人工智能实验室，重点研发为字节跳动内容平台服务的创新技术。人工智能实验室聚集了大量人工智能领域的人才，从自然语言处理、数据挖掘、计算机视觉、机器学习、计算及图形与增强现实、系统与网络、安全与隐私、语音与音频等方面展开研究。

2018 年，在人工智能大会上，字节跳动副总裁、人工智能实验室负责人马维英表示，技术出海是字节跳动全球化发展的核心战略，而人工智能技术是字节跳动全球化取得当前进展的关键。近年来，人工智能实验室直接为字节跳动旗下关键产品的服务，帮助该公司分析、应对相关挑战，并参与寻找解决方案。

除了人工智能外，字节跳动在 VR 和 AR 领域也进行了长期的研发投入，并在系统交互、环境理解等方面获得了不错的成果。2017 年，字节跳动旗下的抖音就推出了 VR 社交、AR 扫一扫、AR 互动、AR 滤镜等相关功能。

2019 年，字节跳动与澎湃新闻合资成立澎湃视听科技（济南）有限公司，字节跳动持股 49%。这家合资企业致力于人工智能应用软件开发、人工智能公共服务平台、互联网数据服务、区块链技术相关软件和服务等项目，或将为字节跳动未来构建元宇宙提供技术支持。

2020 年 11 月，字节跳动与乐华娱乐联合推出虚拟偶像女团 A-SOUL，由字节跳动提供技术支持，乐华娱乐提供演员以及内容运营等方面的支持。早期的虚拟偶像是完全虚拟的，通过语音合成、建模渲染、全息影像、人工智能等技术手段，在网络虚拟场景或现实场景下，与粉丝进行互动，如初音未来、洛天依等。目前流行的虚拟偶像则是虚实结合，虚拟模型的背后都有一个实际存在的演员支撑，通过动作捕捉技术，将演员的动作、表情映射到模型上，类似于真人歌手举办虚拟演唱会，A-SOUL 也是这种模式。

由于娱乐圈资本的介入，刚出道的虚拟偶像女团 A-SOUL 曾受到了网民的大规模抵制。但在短短的一年时间内，凭借优质的内容和高超的技术，A-SOUL 已经坐拥数百万粉丝。虚拟偶像女团 A-SOUL 的成功，代表着字节跳动 3D 建模、全息影像、动作捕捉等技术的成熟。

2021 年 4 月，字节跳动对北京代码乾坤科技有限公司进行战略投资，融资金额近 1 亿元。代码乾坤是一家集工具开发、平台运营、素质培养、能力培训为一体的综合性互联网企业。该公司的代表作品是青少年创作、社交平台《重启世界》，也有着"中国第一款全物理引擎开发的创作平台"之称。字节跳动投资代码乾坤，既是在与腾讯竞争，也是在布局未来。

2021 年 8 月 29 日，字节跳动以 15 亿美元（约 97 亿元人民币）的高价收购了 VR 软硬件制造商 Pico（北京小鸟看看科技有限公司），竞争对手是腾讯。自 2015 年 4 月成立以来，Pico 团队长期致力于虚拟现实技术、产品与交互技术研发设计、市场与开发拓展、产品与内容支持、VR 大规模行业应用与客户服务。2020 年，Pico 公司占据了中国 VR 硬件市场份额的首位。此外，Pico 公司还拥有足够的开发者和内容提供商为之提供 VR 内容，并建立了国内高度垂直的 VR 内容社区。

目前，Pico 公司已囊括 349 项已授权专利，范围涵盖图像、声学、光学、硬件与结构设计、操作系统底层优化、空间定位与动作追踪等 VR 核心技术领域。字节跳动的这次高价收购行为，在虚拟现实领域抢下了一块阵地，象征着字节跳动正式开始入局元宇宙领域。

2021 年 10 月 12 日，字节跳动再次出手，投资了深圳市光舟半导体技术有限公司。光舟半导体公司由 AR 光学专家朱以胜联合业界科学家共同创办，致力于光波导（衍射光学芯片）、光引擎（微投影模组）、光学模组、微纳半导体材料与工艺等高端先进技术开发与制造，矢志成为光波导行业的领航者。该公司曾设计并量产了 AR 显示光芯片及模组，旗下还拥有半导体 AR 眼镜等硬件产品。字节跳动的这次投资加码，在增强现实技术领域打下了更深厚的基础，更加明确了字节跳动探索元宇宙的积极态度。

目前，巨头们在元宇宙领域的竞争已逐渐进入白热化，字节跳动目前的进度似乎有些慢了。不甘人后的字节跳动未来还会有什么大动作，我们拭目以待。

第 3 章

人工智能：元宇宙的"大脑"

深度学习：让元宇宙无限可能

如今，人工智能已经成为新一代科技创新的核心技术，其释放出的科技能量已经深刻影响到了各个产业。在未来的元宇宙世界中，人工智能也将会扮演重要的角色，它将会成为元宇宙世界的"大脑"，凭借其极高的运算性能，来为元宇宙世界持续创造内容，并支撑整个元宇宙世界的运转。

为了让元宇宙世界实现最大限度的自由，人工智能技术必须突破传统的决策树和机器学习，依靠更高级的深度学习和强化学习，去随机生成元宇宙世界的各类内容，为用户创造从不重复的使用体验。

一般情况下，大多数人会认为机器学习与深度学习是一个相同的概念，但是实际上，二者之间存在着很大的差异，或者说二者并不是一个层级的概念。而想要了解人工智能的学习能力，我们首先要分清楚机器学习和深度学习之间的关系。

　　人工智能的概念最早是在达特茅斯研讨会上提出的，这也被认为是人工智能的一个开端。而按照时间顺序来说，机器学习要晚于人工智能概念，但要早于深度学习。而深度学习作为最晚出现的一个概念，可以说是人工智能和机器学习概念之中的一个部分，也正是因为深度学习这一部分在近年来取得了突破性的发展，才让人工智能和机器学习又一次火了起来。

　　从具体的内容来讲，机器学习被认为是一种实现人工智能的重要方法，深度学习则被认为是实现机器学习的一种技术。

　　机器学习是使用算法分析数据，从中进行学习并且做出推断或者预测。与传统的程序指令不同，机器学习主要依靠大量的数据和精准的算法来培养机器的能力，让机器通过学习来完成相应的任务。

　　在机器学习之中，算法是一个非常重要的内容，在早期的人工智能研究之中，专家们提出了许多不同的算法，包括决策树学习、归纳逻辑编程、增强学习等。但从实际应用上来看，这些算法并没有让人工智能变得"智能"起来，甚至这些早期的机器学习方式都没有实现"弱人工智能"的突破。

　　相比于"弱人工智能"，人类理想中的人工智能应该是能够具有人类的各种感觉，具备高超的逻辑推理能力，同时能够采用人类的思维方式进行思考的机器。但是现阶段我们所能达到的更多则是"弱人工智能",也就是机器能够执行与人类水平相当的任务,或者在某一方面能够超越人类。

深度学习是一类模式分析方法的统称,主要包括基于卷积运算的神经网络系统、基于多层神经元的自编码神经网络,以及神经网络权值更为优化的深度置信网络。它通过组合低层特征表示形成更加抽象的高层特征表示,从而完成更加复杂的学习任务。

一般来说,从一个输入中产生一个输出所涉及的计算可以通过一个流向图来表示,在这种图中,每一个节点表示一个基本的计算以及一个计算的值,计算的结果则被应用到这个节点的子节点值上。考虑到这样一个计算的集合,它可以被允许在每一个节点和可能的图结构中,并定义了一个函数族。在这之中,输入节点是没有父节点的,而输出节点则没有子节点。"深度"则可以理解为从一个输入到一个输出的最长路径长度。

从运行原理来说,深度学习是通过一层神经网络把一个数据集合作为输入,然后通过激活后产生另外一个数据集合作为输出,再将合适的矩阵数量形成多层组织并链接在一起的神经网络,从而依此来进行精准而复杂的数据处理。深度学习不仅包括多层人工神经网络,同时还包括一些特定的训练方法。

从本质上来说,深度学习就是通过构建机器学习模型和海量的训练数据，从而逐层变换特征，最终来提升分类或预测准确性的一种机器学习算法。它植根于人工神经网络理论之中，通过模仿人类大脑的机制，来解释图像、声音、文章等不同类型的数据信息。

深度学习的出现极大促进了机器学习的发展，由于出色的数据处理能力，使得其被广泛应用到了多种不同的领域之中，同时也越来越受到世界各国人工智能专家和机构的认可、重视。AlphaGo 在围棋领域战胜人类选手，更是让深度学习一度成为人工智能领域之中最为火热的话题，这也在另一方面促进了深度学习的不断发展和完善。

深度学习的出现使得任何机器之间相互协作成了可能，无论是在娱乐、医疗，还是在无人驾驶汽车方面，深度学习都在发挥着重要的作用。除了这些对现实世界的影响外，深度学习还可以让元宇宙世界变得更为多变、更加智能。

试想一下，在深度学习技术的支持下，元宇宙世界中的一草一物都将自由地繁衍生息，它们会与你发生各种交集，产生各种"意外情况"，从而让你感受到整个世界的生命力。

当然，想要真正为元宇宙世界赋予无限可能，仅依靠当前阶段的深度学习技术是不够的，从深度学习的根源人工神经网络出发，进一步推进深度学习技术的革新与进步，将是开创元宇宙世界的关键。

人工神经网络：元宇宙的中枢核心

元宇宙是一个智能世界，自有一套运转的方法，人工神经网络是这个世界的中枢核心，主导这个世界有序运转。有人说，整个元宇宙世界就是一个大的神经网络，这个世界中的一草一物，包括我们的虚拟人格，都是这个神经网络中的节点。这种说法虽然过于夸张，但也点出了神经网络对于元宇宙世界的重要意义。

自古至今，人类从未停止对自身智能的探索，无论是生物学家、神经学家，还是科学家、哲学家，都曾从专业角度，对人类自身智能和人类大脑奥秘进行过研究和推论。遗憾的是，直到现在，我们依然还没办法完全破解人类大脑的奥秘，没办法掌控大脑中蕴藏的那股神秘力量。

进入互联网时代后，科学家试图建立一个生物模型，以此来模拟人类大脑的运行原理。透过对人类大脑的观察与认识，科学家发现人类的智能活动离不开脑的物质基础，由此，一些科学家提出了神经元网络理论和神经系统结构理论。在这些理论的基础上，科学家开始尝试通过仿制人脑神经系统的结构和功能，来研究人类的智能活动。

人类大脑的神经系统是复杂的，也是非线性的，为了更好地探究人类大脑的神经系统，科学家研究出了一种非线性的网络模型，即人工神经网络。这种人工神经网络在运作上与人类大脑智能十分相似，因而迅速成为人类大脑研究的重点。

20 世纪 80 年代以来，人工神经网络被广泛应用于人工智能研究领域。作为一种运算模型，人工神经网络主要由大量的节点之间相互连接构成。在这之中，每个节点代表一种特定的输出函数，这些函数被称为激励函数。而每两个节点之间的连接都代表一个对于通过该连接信号的加权值，这些加权值被称为权重。人工神经网络的输出依靠网络连接方式，同时会根据权重值和激励函数的不同而有所不同。简单来说，人工神经网络是一组连接的输入 / 输出单元，其中每一个连接都与一个权重相关联。

举例来说，与人类相比，计算机具有强大的运算能力，当人类与计算机同时面对一则复杂的数字运算时，计算机便会很轻松完胜人类。如果让计算机和人类来判断两张图片存在哪些不同之处，或者说让计算机和人类同时去判断公路上行驶的汽车是什么品牌时，计算机可能就比不过人类了。

如果计算机搭载了具有人工神经网络的处理器，那么，它就能够在辨别图片时，与人类一较高下了。拿一张小狗的照片让计算机进行识别，计算机将会通过这张照片的像素信息进行逐层分析，每一层都会有若干个神经元负责分解画面上的信息。经过多层细致分析之后，计算机将会得出一个结果，而如果结果错误的话，那么，计算机将会通过神经网络重新进行逐层分析，同时每一层的神经系统都会反省上一次的错误，从而保证最终得到正确的结果。

上面的这个过程可以理解为人工神经网络的一个工作流程，也反映出人工神经网络的一个主要用途就是分类和识别，这与普通的计算机能力是有所区别的。普通的计算机只在计算能力上较为突出，而搭载了人工神经网络的计算机则能够让计算机具有分类和识别的功能，这让计算机看起来会更像一个能够思考的人类。

其实，早在 20 世纪 40 年代，人类就已经开始着手对人工神经网络进行研究了。

1943 年，心理学家 W. S. Mcculloch 和数理逻辑学家 W. Pitts 提出了 M-P 模型，这被认为是第一个用数理语言描述人类大脑的信息处理过程的模型。

1949 年，心理学家 D. O. Hebb 提出了突触联系可变的假设，而在此基础上提出的学习规律为神经网络的学习算法奠定了基础。

1957 年，计算机科学家 Rosenblatt 提出了感知机模型，其中包含了现代计算机的一些原理，这也是第一个完整的人工神经网络。

在此后的几十年间，科学家始终在完善着神经网络方面的理论。到现在，人工神经网络已经取得了许多重要的成果和突破，并逐渐发展成为一门新兴的学科。相比于其他学科模型，人工神经网络具有一些明显优势。

首先，人工神经网络具有自主学习的功能。在进行图像识别时，只需要把不同的图像样板和识别结果输入人工神经网络之中就可以了。人类并不需要进行其他的工作，因为神经网络会自主进行学习，并慢慢掌握识别类似图像的能力。这种自主学习功能的存在，会使人工神经系统在应用方面更具有普遍性。

其次，人工神经网络还具有一种高速寻找优化解的能力。人工神经网络采用的是并行分布处理方法，正是这种方法保证了其在数据运算方面的快速处理能力。一般来说，想要寻找到一个复杂问题的优化解，往往需要进行大量的计算，即使对于计算机来说，这种负担也是比较大的。而如果利用一个针对某个问题而设计出来的反馈型人工神经网络，同时再配合计算机高速的运算能力，就能够很快找到优化解。

最后，人工神经网络还具有联想存储的功能。反馈网络可以将一组初始信息通过不断运行，最后收敛到一个提前拟定好的稳定平衡点上。通过反馈网络的模型，人工神经网络就能够实现这种联想。

随着科学家对人工神经网络研究的不断深入，越来越多新的功能将会被开发出来，人工神经网络的发展也必将进入一个新的阶段，到时我们的生活也会因为人工神经网络而出现许多新的变化，或许终有一天人工神经网络将会从功能上追赶上人类的大脑。

当人工神经网络能够真正支撑起元宇宙世界时，人类也就迎来了跨入元宇宙世界的那一天，届时，我们不仅可以在元宇宙世界中与其他人交流、互动，还可以亲身体验如梦如幻的元宇宙世界。依靠人工神经网络，元宇宙世界中的万事万物都将随着人类的进入而逐渐发展、变化，就如在现实世界之中一样。

感知智能: 元宇宙世界的 "全面接触"

　　当你佩戴上智能头盔、眼镜, 进入元宇宙世界后, 你还会希望获得一些触觉体验, 去感知元宇宙世界中的各类事物。这一功能的实现, 需要依靠人工智能技术中的感知智能。

　　感知智能指的是将物理世界的信号, 通过一些特定的传感器设备, 借助于语音识别、图像识别等技术, 影射到虚拟世界之中, 而后再将这些数字信息提升到可认知的层次。应用到元宇宙世界之中, 感知智能将会对元宇宙世界中的 "人" "物" "场" 进行分析, 并及时将分析数据反馈给我们, 以帮助我们做出正确决策。

　　以触觉交互为例, 感知智能可以帮助我们在元宇宙世界中获得真实的触感, 在我们触摸冷的或是热的物体时, 就会感受到相应的温度, 产生切实的体验。

　　很多时候, 人类的触觉往往不像听觉和视觉那样受到重视, 但实际上, 人类对物体进行触摸是一个相当复杂的过程。

与听觉、视觉有关的内容可以用相关的数值来进行衡量，但是触觉是不好量化的，很难通过测量来获得相关数据。

人类的触觉感知过程需要调动身体中的一系列器官。生理学家认为，人类手指与各种表面之间的互动可以被一种名为"机械感受器"的器官探测到，而这种器官有些能够感受到物体的尺寸或者形状的变化，有些则能够感受到震动，在人皮肤的不同深度之中都存在有这种器官。

科学家花费了几十年的时间，让机器人能够模拟人类行走。而想要让机器人具有人类一样的触觉，似乎需要花费更多的时间。如今，随着科学技术的不断进步，这一研发周期被大大缩短，现在科学家已经研发出了一些设备和材料来让机器人具有自己的"触觉"，这样一来，机器人便可以检测到温度、压力、湿度，同时还能够感受到外部环境发生的一些变化。

科学家为机器人发明了一种"皮肤"，这种"皮肤"连接有许多不同的传感器，并且覆盖机器人身体的各个部位。就像人类的皮肤一样，这些"皮肤"具有一定的延展拉伸功能，还能够准确地感知到外界的信息。拥有了这种"皮肤"之后，机器人便可以成功地进行一些细微的操作。

关于这一点，科学家进行了一系列实验。首先研究人员准备了一个盛满水的杯子，他们要求机器人将这杯水从桌子的一端移动到另一端，这一点对于机器人来说并没有太大的难度，机器人也很顺利地完成了任务。

第二次研究人员将杯子换成了一个更薄一些的玻璃杯，如果机器人还用与第一次一样的力量去握水杯的话，水杯很可能因为受力过重而碎裂。但实际上，当机器人接到命令之后，很轻松地抓起了玻璃杯，然后轻松地将玻璃杯移动到了桌子的另一端。第二次难度更高的考验，也被机器人轻松完成。

第三次研究人员决定继续增加实验的难度，他们将桌子上的杯子换成了纸质杯，很显然这一次研究人员可以直接观看到机器人握住纸杯究竟用了多大的力量。研究人员继续向机器人下达相同的指令，机器人像前两次一样抓起纸杯，纸杯在机器人手中由于受力，形状发生了一些改变。但机器人很快便调整了自己的握力，纸杯的形状又慢慢地恢复了过来，最后机器人同样轻松地将纸杯移到了桌子的另一端。

从上面的实验之中我们可以发现，这个机器人能够感知到外界事物，而在接触到外界事物之时，还能够主动调节自己握住物体的力度，从而避免损坏物体。之所以能够做到这一点，主要是得益于机器人关节处配备的传感器，机器人可以通过一些软件程序来接收和转换传感器信号，这样便能够实现智能感知物体的目的。

还有另一种为机器人所研发的电子"皮肤"，由华盛顿大学的华盛顿纳米实验室制造，主要是用硅橡胶制成的，这种硅橡胶常在游泳镜中使用。在这些橡胶内包含着细小的蛇形通道，其大小大约是人头发宽度的一半，在这条通道中充满了导电的液态金属。这种液态金属将会随着"皮肤"的延展来自由变换形态。

研究人员会将电子"皮肤"装配在机器人的手指上，而这些液态金属通道遍布在机器人手指的两侧，当机器人用手指去接触物体时，手指两侧通道的几何形状将会发生一定的变化，同时液态金属的流动也会相应随之改变。研究人员通过测量通道之中不同的电阻变化，来模拟人的手指对物体的感觉，从而将机器人"手指"所接触到的剪切力与振动联系在一起。这样机器人的手便能够模拟人的触觉了。

要让机器人具有感觉尚且不是一件容易的事，若要让处于元宇宙世界中的我们获得真实的触觉，更是难上加难。Meta 公司的科学家阿比纳夫·古普塔曾提道，在过去十年中，人工智能在计算机视觉方面取得了巨大进步，在语音识别方面也取得了一些成绩，但在这一发展过程中缺少了对触觉感知的研究，尽管这一点很重要。

2021 年 11 月，Meta 现任首席执行官马克·扎克伯格称，Meta 公司与卡内基梅隆大学的科学家成功研发了一种新的触摸传感器和类似皮肤的塑料材料。在他看来，这种高分辨率的触摸传感器，以及薄薄的可变塑形的机器人皮肤，将会让人类离元宇宙世界中真实的虚拟物体和物理互动更近一步。

在古普塔看来，如果这种触摸传感器和皮肤材料可以顺利应用到元宇宙世界中，人们就能与虚拟物体互动，并获得相应的反馈。当用户带着 Meta 的头盔，进入元宇宙世界后，他们就能感知到元宇宙世界中的万事万物。

在人工智能不断发展的今天，我们看到了它在智力比赛，如象棋、围棋方面战胜了人类，但相对于这些，让机器人拥有与人类一样的感知觉，让人类在元宇宙虚拟世界中拥有真实的感知觉，却是比较困难的。在这条道路上，人工智能研究者还有很长的一段路要走，但幸运的是，在现阶段，我们已经看到了许多希望。

计算机视觉：场景内容的高定创制

元宇宙是一个虚拟的世界，在这个虚拟世界中，存在着许多虚拟的现实物品，所以我们也可以将这个宇宙看成是现实世界的拓展和延伸。那么，如何让现实世界的物品逼真地在虚拟宇宙中呈现呢？这就需要依靠人工智能技术中的计算机视觉，或者是要依靠计算机图形学才能让元宇宙的世界变得更加真实。

计算机图形学是通过算法将各种图形转化成计算机中的数据，进而在计算机程序中形成相对应的图形。在建造元宇宙这个虚拟世界时，为了保证其真实性，就必须还原现实世界中的视觉、听觉、味觉和触觉。相比来说，这之中最容易实现的还是视觉内容的还原，而想要实现这一点，则要使用计算机视觉的知识，利用计算机去模拟现实的场景。

计算机视觉是人工智能行业较为热门的研究领域之一，涉及计算机科学、数学、工程学、物理学等多种学科内容，为人工智能的发展开拓了新的道路。到现在，这一研究领域已经涌现出了一大批具有实际效用的应用，比如，人脸识别、图像检索、生物识别技术和智能汽车等。

苹果公司研发的 Face ID 技术就属于计算机视觉的研究范畴，当用户看着手机的时候，它会向用户的脸部投射 30 000 个不可见的 IR 点，通过手机的摄像头来捕捉并且拍摄图像，然后与手机中存储的面部图像进行对比。虽然听起来这是一个复杂的过程，但实际上整个过程都是实时发生的。

即使用户更换了发型或是戴上了眼镜、帽子等装饰物，苹果的 Face ID 依然可以正常地工作。如果因为时间的推移，用户的脸部发生了一些变化，Face ID 则会针对实际情况来做出相应地处理。

不止 Face ID 技术，苹果公司早期几款手机所搭载的 Touch ID 技术，三星公司在 Galaxy Note7 手机中配备的虹膜识别技术，都属于计算机视觉的研究范畴，严格来说，都属于生物识别技术。

从定义方面来讲，生物识别技术是通过计算机与光学、声学、生物传感器和生物统计学原理等高科技手段密切结合，而后利用人体固有的生理特性和行为特征来进行个人的身份鉴定。在这里，人体固有的生理特性包括前面提到的指纹、人脸、虹膜等，而行为特征则包括走路形态、声音、书写笔迹等。

在生物识别技术之中，指纹识别作为最早出现的生物识别技术，也是被应用的最多的一项生物识别技术。之所以会保持如此高速的增长趋势，主要是得益于技术的进步以及电子元器件价格的下降。

近年来，随着各种电子元器件和微处理器的成本不断下降，生物识别技术获得了很大的发展。而电子元器件测算精度的不断提高更为生物识别技术提供了一个重要的发展动力。这也使得生物识别技术的商业化进程不断加快。在日常工作生活中，感应门、打卡机、企业考勤管理系统都是生物识别技术的重要商业化应用。

通过生物识别技术，机器可以识别身份信息和语音信息，从而根据我们提供的信息来完成解锁、支付等操作。在元宇宙世界中，生物识别技术所能解决的也是复杂的身份识别及认证问题。通过生物特征认证，我们在元宇宙世界中的虚拟身份将会被识别，并被允许登录，这就像是输入密码登录到网络游戏账号一样。

只依靠生物识别技术，是没有办法对元宇宙世界的场景内容进行随意创制的，研究者还需要利用各种建模计算、渲染算法，来让元宇宙世界的场景变得更真实，还需要通过各种运动方程来模拟元宇宙世界物体的运动，使其最大程度接近于真实世界。当然，想要将整个现实世界都"搬入"元宇宙世界之中, 研究者还需要利用计算机视觉技术去 "扫描"
整个世界。

现在的一些网络游戏会将现实世界的场景作为模板, 在
游戏世界中设计并构建出相同的场景模块, 但无论是从整体
的画面效果, 还是从细节的构建上, 都缺少足够的真实性。
这是因为这些游戏只是构建了一个与现实世界场景类似的模
块, 而没有真的将现实世界的场景 "搬入" 虚拟世界之中。

为了将现实世界的场景原原本本地 "搬入" 虚拟世界之
中, 一些公司一直在执行 "扫描世界" 的工作, 在虚拟制作
和相机特效的加持下, 使用相同的扫描和实时技术, 可以合
并物理和扫描集, 从而构建出可以为用户带来沉浸式体验的
虚拟场景。简单来说, 这种方法就是将现实世界中的某个场
景一点一点扫描下来, 而后再用数字化方法将其在元宇宙世
界中还原, 这要比照着图片描画场景要靠谱很多。

如果将整个世界上的每一个角落全都扫描, 并完成数
字化构建, 那我们就能在元宇宙世界中构建出现实世界的映
射, 无论是多么复杂的城市环境, 都可以在元宇宙世界中呈
现出来。

当然, 想要将如此庞大而又精细的现实世界都扫描下
来, 并不是一件容易的事情, 想要完成这项工作, 也不能仅
仅依靠某个公司或某个团队的力量。想要让整个地球全面
实现数字化, 还需要许多团队、公司或个人搜集更多数据信

息，这将会是一个相对漫长的过程。

可以说，以当前计算机视觉技术的发展现状来看，还不足以完成对元宇宙世界场景内容的创制（算力也是限制元宇宙场景内容创制的一大因素），但相信随着这一技术的发展，在积累了足够多的数据信息后，更拟真的元宇宙世界将会被构建出来。

智能语音识别：跨国界的无障碍交流体验

想要在元宇宙世界中畅行无阻，跨国界的无障碍交流就是必须要解决的问题，人工智能之中的智能语音识别技术将会很好地解决这一问题，为元宇宙用户带来更为便捷的互动体验。

在众多人工智能技术之中，智能语音识别技术可以说是人工智能领域的一项重要成就。作为一门交叉学科，智能语音识别已经开始成为信息技术之中人机接口的关键技术，同时这项技术的应用也逐渐发展成了一个新型的高新技术产业。

在漫长的人类发展史中，我们渴望与世间万物交流，并由此创造出了无数的神话传说，来描绘这种美好想象。在进入工业化时代后，我们又希望那些自己创造的机器能够听懂我们的话，从而更好地完成我们安排的工作，但由于技术方面的限制，我们的这一想象始终没有机会实现。

现在，随着人工智能的发展，智能语音识别技术正在让我们的想象一点一点变成现实。作为一种让机器通过识别和理解过程把语音信号转变为相应的文本或命令的技术，智能语音识别将会在机器和人类之间架起一座桥梁，让人类能够更加自如地操控机器。正如电影《钢铁侠》之中，Tony 与"贾维斯"之间一样，依靠智能语音识别技术，他们能够直接展开交流。

就智能语音识别技术而言，最早的声码器可以被看成是语音识别技术的雏形。在 1920 年，一种名为"Radio Rex"的玩具狗被认为是最早的语音识别器，当听到有人在叫它的名字时，它就会从底座上弹出来。虽然这款玩具相对来说比较简单，但可以说，这是人类最早制造的一种语音识别产品。

数据统计模型和算法是智能语音识别技术的重要组成部分，数据统计模型就像是一个巨大的存储中心，这里有许多不同的数据，而算法则是这个存储中心中的"工作人员"，当收到外面的指示时，"工作人员"会在存储中心中找到相应的物件。

这里其实存在一个显见的问题，那就是语音识别的准确率问题。当算法保持不变时，数据统计模型之中的数据量越多，整个语音识别系统的识别能力也就越强，这是不是说，只要不断增加数据库之中的数据量，就能够进一步增加语音识别的准确率呢？

　　原则上来说，应该是这样的，但在实际应用中，这种方法却很难行得通。就像是没有一个仓库能够存储世界上所有货物一样，我们也没有办法搭建一个数据统计模型来将所有的数据囊括其中。更何况人类在交流过程中，所涉及的数据量是非常大的，所以单纯通过这种方法提升语音识别的准确率是比较困难的。如果采用上面的组合来构建语音识别系统，人类必须按照特定的语言和设备进行交流，这样设备才能够听得懂。

　　随着智能语音识别技术的发展，现在的一些智能语音识别系统可以通过一定的规则和算法，把那些并不存在数据统计模型之中的数据计算出来，这样便不需要将所有的数据都增添到数据统计模型之中。

　　当然，这一类型的智能语音识别系统仍然需要一个数据库，作为语音识别的数据基础，从而保障语音识别的正确性。在数据库的基础之上，当一段语音被输入之后，模型便会依照自己的算法，从数据库中寻找最为合适的一句。

　　在这里，人工神经网络的应用促进了智能语音识别技术的发展。人工神经网络能够采用高位特征训练来进行模拟，从而最终形成一个较为理想的适合模式分类的特征。而人工神经网络的建模技术能够与传统的智能语音识别技术进行无缝对接，这样便能够大大提高智能语音识别系统的识别率。

　　元宇宙世界拥有的庞大数据库，是智能语音识别的基础，可以确保语音识别的正确性。相比于那些现实世界中的智能语音设备，元宇宙世界依靠庞大的数据库，可以更为准确地识别、传递不同用户的语音信息，实现人与人之间跨国界的无障碍交流。

在功能上，智能语音识别技术的主要功能主要表现在以下四个方面。

第一，声纹识别功能。

这是根据语音波形中反映说话人生理和行为特征的语音参数，来自动识别说话人身份的一种技术。一方面，这种技术可以用于说话人的辨认，就是从众多的发音者之中选出某一语音是哪一个人说的；而另一方面则可以用于说话人的确认，就是确认某一语音材料是由指定的某个人说的。声纹与指纹一样，都是每一个人的独有的生物特性。

第二，内容辨识功能。

有别于声纹识别，这是对语音材料所承载实际意义的识别。但相对来说，想要识别话语的内容，要比识别声纹困难得多。因为不同的人可能在发音方法、发音器官和发音状态上有所不同，这便要求通过结构分析和语境理解等程序，对内容进行辨识，来保证对话语内容的正确识别。

第三，语种识别功能。

可以说，这是话语内容识别的一个重要基础，计算机只有首先识别出话语的语种，才能将整段话语匹配到相应的识别器之中进行话语识别。

第四，语音标准识别功能。

这一功能主要应用于语言教学的规范和语音标准的测试方面，主要是对人语音标准状况的一个判断，并指出其中的不足之处。

在元宇宙世界中，你可以让操着一口东北口音的人说出标准的广东话，也可以让说英语的美国人用中文与你交流，这些功能的实现都需要依靠智能语音识别技术。

当前，我们所使用的数智能手机大多具备一定程度的智能语音功能，像苹果公司的 Siri、谷歌公司的 Google Now、微软公司的 Cortana 等。实际上，这只是智能语音识别技术应用的一个方面，在许多其他领域之中，智能语音识别技术已经得到了广泛的应用。在了解这些之前，我们首先了解一下与语音识别技术相关的一些重要内容。

在具体的行业应用方面，智能语音识别技术已经深入到了众多垂直行业领域之中。在医疗领域，除了在一些可供穿戴的设备之中搭载智能语音识别系统之外，智能语音识别技术还在其他方面具有重要的作用。通过在医院内建立完整的数据库，可以将许多疾病、药品名称进行精确的识别，同时还可以将医院的病历资料存储在安全的云空间之中，而利用智能语音识别技术便可以轻松地搜索出想要寻找的资料，大大节省了寻找资料的时间与存储资料的空间。

　　还有在智能车载和智能穿戴方面，智能语音识别技术可以解放人们的双手，增加驾驶的安全性。通过简单的语音控制就可以实现一系列复杂的操作，让我们的生活变得更加便利和快捷。智能家居也是智能语音识别技术的一个重要应用场景，当所有的家居设备都通过物联网连接在一起时，我们只需要简单地说几句话，就能够将家中的智能设备调整到自己想要的状态。

　　当前，智能语音识别技术的商业化应用正在逐渐发展之中，随着人们对元宇宙研究的进一步深入，智能语音识别技术必将为我们在元宇宙世界中带来更加便捷的体验。

第 4 章

区块链：搞定元宇宙的
认证问题

区块链，打通元宇宙世界的"桥梁"

如果没有区块链，元宇宙世界可能一直都会以一种游戏的状态存在，就像现在一样，虽然互联网上涌现出了许多元宇宙游戏，但现在的元宇宙还并不能算作是与现实世界平行的虚拟世界。

区块链是元宇宙世界最为重要的支柱，它可以为元宇宙世界提供分散的结算平台，帮助元宇宙世界实现价值转移和价值传递，也可以为元宇宙世界确定规则的执行机制，实现元宇宙经济系统的高效稳定。

区块链是一个去中心化的，按照时间先后顺序将数据区块顺序相连的一种链式数据结构，并且通过密码学的方式保存这些数据，让它们不被篡改和伪造的分布式账本。

人们可以利用区块链这种天生具有去中心化、不可篡改、公开透明、加密安全的特点，来建立一个全新的信任机制，这个新的信任机制将会改变连接方式，从而引起生产关系的变革。

正是基于这一特性，区块链才成为打通元宇宙世界的"桥梁"。它将会为元宇宙世界构建稳定安全的经济系统，并为元宇宙世界中的用户提供虚拟资产、虚拟数据的标记、确权和交易，帮助他们提升大规模协作的效率。具体来说，区块链在元宇宙世界中的价值主要体现在以下几个方面。

1. 支付与清算的经济系统

区块链是一种去中心化的分布式账本技术，其"去中心化的价值流转"特性将会为元宇宙世界提供与现实世界对接的支付和清算系统，并构建起元宇宙世界独特的经济系统，以维持其大规模长久运行。

应用了这一技术后，在元宇宙世界中，我们便可以使用虚拟资产去自由交易，同时还能将虚拟的资产兑换为现实的货币，或将现实货币兑换成虚拟货币。由于这一系统的存在，元宇宙世界才真正具备了商业属性，并能持续稳定地发展下去。

2. NFT

NFT，即非同质化通证，其最大的特征是唯一性与不可分割性。在元宇宙世界中，可以用来对具有排他性和不可分割性的权益和资产进行标记，以证明用户对元宇宙世界中虚拟资产和权益的所有权。

个人数据、稀缺道具、资产权益……这些元宇宙世界中的数据都可以依靠 NFT 来进行唯一性标记，以证明"你的就是你的"。基于这种标记，你便可以通过交易 NFT，来实现对元宇宙世界中资产和权益的自由交易。

3. 智能合约

智能合约是一系列部署在区块链网络中，能够在满足触发条件后自动执行的程序化脚本，具有公开透明、可验证等特性。智能合约的出现，让交互双方可以在区块链上取得互信，而无须再去求助于第三方验证平台。用户也可以依靠智能合约，开发出各种透明的、安全的去中心化应用，并广泛运用在金融、游戏等领域中。

在元宇宙世界中，智能合约将契约以可验证、可信任、可追溯的方式进行去中心化操作，降低金融系统中"暗箱操作"行为发生的概率。

总体来说，区块链最大的作用就是打通了人类去往元宇宙世界的"桥梁"，这座"桥梁"连接着真实世界与虚拟世界，可以让两个世界中的人、事、物形成映射。当然，区块链只是元宇宙世界的一座"桥梁"，想要彻底构建出持久稳定的元宇宙世界，还需要其他各种技术共同发力才行。

哈希算法为元宇宙世界"加密"

作为新一代的互联网技术，区块链现在已经被应用到了诸多领域，并取得了一些显著成效。在构建元宇宙世界的过程中，区块链也将发挥其独特作用，为元宇宙世界提供更多支持。比如，区块链的哈希算法将会解决元宇宙世界中用户数据的可追溯性和保密性问题。

在这个世界上的每一个人，想要参加各种各样的社会活动，都需要一个别人能够识别的标志。有的人会觉得，这还不简单吗？名字和身份证就足以代表了。事实上，这种方式的代表是非常脆弱的，因为重名的人有很多，且伪造身份证的现象也是存在的。

除了名字和身份证这两种方法之外，有一个更可靠的办法，就是将一个人的所有基因序列记录下来，以此来代表这个人。这种方法能够充分地证明我们自己，却是不切合实际的。这时，我们还可以通过指纹去证明自己，这是一个不错的选择，毕竟每个人的指纹是不同的。

在互联网世界中，我们在传递文件时，同样需要一个东西来标志文件的"身份"。比如，我们下载一个文件，在下载的过程中，需要经过很多网络服务器和路由器，那么，如何才能保证所下载的文件是我们所需要的呢？

我们不可能去检测文件中的每个字节，否则会浪费很多的时间。而简单地利用文件名和文件大小去检查的话，结果并不是准确的，文件名和文件大小都是极易被伪装的信息。

在这样的情况下，我们需要像指纹一样的标志来检查文件是否是所需要的文件，这个指纹就是我们所说的哈希算法。

哈希算法，是一种从任意文件中创造小的数字（指纹）的方法。跟指纹一样，哈希算法以较短的信息能够保证文件是唯一的，成为文件的一种标志。这种标志跟文件的每一个字节都是相关的，而且很难找到逆向的规律。因此，当原有文件发生改变时，其标志值也会发生改变，以此来告诉文件使用者，当前的文件已经不再是你所需求的文件了。

这种标志除了能够保证文件的可靠性之外，还能够在运行文件系统同步、备份等工具的时候，使用哈希算法来标志文件唯一性，帮助我们减少系统的开销。这在很多的云存储服务器中都能够应用。

既然哈希算法作为一种指纹，其最终的用途就是给证书、文档、密码等高安全系统的内容进行加密保护。这主要得益于哈希算法的不可逆性。

哈希算法的不可逆性体现在，你想要获得原有的文件，是不能通过分析哈希算法计算出原有文件的样子。除此之外，也不可能简单地创造一个文件，使其指纹与一段目标指纹相同。基于此，哈希算法的不可为逆性才能够维持很多安全框架的运营。

在密码学中，哈希算法主要是用于消息摘要和签名，也就是说，它主要用于对整个消息的完整性进行校验。

举个例子，我们在登录知乎 App 的时候，需要输入密码，如果知乎对登录密码进行保存的话，就很容易让黑客窃取到登录的密码，这是非常不安全的。如果知乎平台用哈希算法生成一个密码签名，知乎后台只保存着这个签名，因为哈希算法具有不可逆的特性，即使黑客得到了这个签名，也没有任何的用处。

因为如果你在知乎网站的登录界面输入密码，知乎后台就会重新计算这个哈希值，并与网站中储存的哈希值进行比较，结果是相同的，就证明你是这个账户的使用者，就会允许你登录。银行也同样采用了这种系统，银行保存的只是密码的哈希值，不会保存用户的密码和原文。

哈希算法在元宇宙世界中也发挥着同样的作用，它会为你在元宇宙世界中的个人数据进行"加密"，这样就没有人能够盗用你在元宇宙世界中的虚拟身份和财产。

"去中心化"的元宇宙世界

信息时代的到来，让我们享受到了科技发展带来的便利，但也增加了我们个人隐私暴露的风险。信息平台在为我们提供各类有用信息的同时，也在不断搜集我们的个人数据。我们的喜好、我们的习惯、我们的社会关系……这些被搜集的隐私信息很容易出现被泄露的风险。

在现实生活中，个人信息被泄露不仅会影响我们的日常生活，还会危害我们的财产安全，甚至生命。这一问题在元宇宙世界中同样突出，如果我们在元宇宙世界中的信息被泄露、被盗用，那我们在元宇宙世界的虚拟存在也会受到严重威胁。

为了应对这一问题，元宇宙世界以"去中心化"的区块链技术搞定认证问题，让我们在元宇宙世界的个人数据真正归属于自己，其他任何人都难以篡改和处理。在元宇宙世界中，其他个人或组织想要使用我们的个人数据，必须要经过我们授权，并支付相应的费用，如果我们不想让太多人看到

某些信息，那便可以利用一定的加密技术将其隐去，真正实
现"去中心化"。

在现实世界中，"中心化状态"已经存在太长的时间了，
从以血缘关系建立起来的部族群落的上古社会，一直到现
在，从本质上来说，都是不同形态的"中心化组织"。

中心化，其实就是一种集权模式。比如，中央银行是在
银行系统中，具有最高的权力，没有其他的分店；又如，之
前的门户网站，是由网站中的编辑负责编写网站中的文章，
编辑就拥有了分发和置顶文章的权力。

中心化具有仁政、管理机制明确统一的好处，能够将力
量集中起来去办一件大事情，这样能够提高办事的效率。但
也存在着一定的缺点，例如，管理和仲裁的工作十分复杂，
而且机制中的任何一个环节出现了缺陷，都会使工作受到影
响。除此之外，由于权力制约不集中，就会导致系统不堪重
负而崩溃，或者是集中起来的力量会办坏一件大事情。而随
着技术的不断发展和人类文明的不断进步，这样的中心化生
活模式也会被逐渐打破。

如今，人们变得越来越独立，独自一人就能完成的事情
也越来越多。在这样的情况下，当个人具备足以完成社会运
作能力的时候，就会让中心化大机构、大组织存在的必要性
变得越来越弱。

人类的文化模式，在互联网的冲击下，正在全面走向碎

片化。在这之前,每一个社会都是单个的中心化社会。比如,之前我们想要了解一个信息,需要通过一个权威的媒体,权威是传统社会的信息中心。

如今,我们想要了解一个信息,不只是单一地从电视中获得,不用每天晚上七点的时候等待《新闻联播》播出,我们可以随时从互联网上获得,我们的手机可以随时接收和发送信息,随时随地制造信息,随时随地娱乐信息。

在这样的情况下,每一台电脑、每一部手机、每一个人就都变成了一个信息中心,整个人类社会就进入了多中心的社会,人类也就进入了"多中心时代"。

从信息传播的角度看,去中心化在某种程度上取得了巨大的成功,这一点在网络媒体中体现得淋漓尽致。在网络媒体中,传统信息传播金字塔中的"信息中心"变得越来越不重要了,取而代之的是原来传播中的"受众",如今的"受众"已经变成了新的信息源。

举个例子,新华社、新华网、人民网、《人民日报》,这些信息平台都属于传统意义上的"信息中心"。而随着博客、微博等以及社交网络的兴起,网友将这些传统的信息平台发展成为新的信息中心。

在这样的情况下,无论是从哪一个角度看,在网络中都已经基本形成了人人都是中心的格局。围坐在收音机旁听广播,在电视机前看《新闻联播》的时代已经离我们越来越远了。

那么，元宇宙世界的"去中心化"，是不是就不要中心了呢？答案是否定的。去中心化，并不是没有中心，而是由节点来自由选择中心、自由决定中心。

通俗来说，所谓的中心化，就是中心决定节点，节点是依赖中心"存活"的。因此，去中心化也不可能是没有中心的。在元宇宙世界的"去中心化"中，每一个人都有可能成为一个中心，元宇宙世界中的任何中心都不是永久的，只是阶段性的，每一个中心对节点都不具备强制性。

区块链这个网络记账本，想要伪造它，需要付出很高的成本，理论上是不存在这种可能性的。正因如此，区块链技术受到了投资行业的青睐，全球顶级的九大投资行都投入了巨额的资金进行区块链研发，可见区块链的去中心化技术将会有一个空前的发展空间。

依靠制度的约束，人人平等和人人自由都是一个美好的愿望，在现实生活中是很难真正实现这一美好愿望的。而元宇宙世界的出现，则在技术上实现了真正去中心化的可能，它必将会深刻影响人类的生存方式。

元宇宙世界，将会是一个完全去中心化的世界，所有独立的生态都会被连通起来，整合成一个完整的虚拟环境，不会再有任何以人或组织为单位的权威或者是控制中心，每个人或每个组织都有可能成为中心，所有人都可以在共享的虚拟世界中和谐共处。

NFT 非同质化通证

虽然元宇宙还处于发展的初级阶段，但近几年来，它已经从一个虚无缥缈的概念，逐渐向现实转变，而在这一过程中，作为其核心组成要素的区块链技术，也在持续发展之中。

伴随着元宇宙概念的火热，NFT 在区块链生态中被广泛讨论。NFT，全称为"Non-Fungible Token"，即非同质化通证或非同质化代币，是一种基于区块链技术的数字化凭证，具有唯一、可验证、可追溯和不可分割等特性。

NFT 这一概念是相对于 BTC（比特币）、ETH（以太坊）等同质化通证而言的，BTC 作为同质化通证，每一个 BTC 之间没有任何区别，你可以用自己的 10 个 BTC 与他人的 10 个 BTC 做交换，它们都拥有完全相同的价值。

NFT 彼此之间都是不同的，以加密猫来说，不同的虚拟猫咪之前的代数、毛色和稀有度都会有所不同，这就决定了每一只加密猫在出售价格上也会有所区别，有的要几十万元，有的只要几分钱。从这一角度看，每一个虚拟猫咪都是唯一的、不可替代的。

加密猫是一款基于区块链技术的宠物养成游戏，在游戏一开始时有 100 只创世猫，此后每 15 分钟会诞生一只 0 代猫。两只猫可以通过交配，将基因传递给小猫，猫咪的代际越是接近 0 代，外观越是独特，价值也就越高。

元宇宙世界拥有大量的数字资产，也需要一种资产凭证来完善其经济循环体系。由于这一方面的特性，NFT 既可以被用来表征数字资产本身，也可以用来标记特定资产的所有权，它可以成为元宇宙中数字资产的一种表现形式，并随着元宇宙的发展而不断演化。

其实，在元宇宙这一概念还未在火热之前，人们便研究出了各种不同种类的加密货币和去中心化应用，来满足不同应用场景的需要，比如，数字艺术品、游戏物品等。

1. 数字艺术品

艺术家可以利用 NFT 来代表自己对数字艺术品的所有权，这对数字艺术品交易具有重要意义。当前，艺术家想要让自己的数字艺术品实现商业获利，必须将其上传到某些特定的平台上，这些平台都是去中心化的，它们由某个运营者管理，并从艺术家的数字艺术品上榨取剩余价值。

简单来说，艺术家想要卖出自己的数字艺术品，必须支付一些费用，先把作品上传到平台上，然后平台按约定向大众展示和发行这些作品。至于平台如何向大众展示这些作品，怎样增加这些作品的曝光量，艺术家就很难插手。

有了 NFT 之后，艺术家不仅可以轻松证明自己对艺术作品的所有权，还能顺利在二级市场上出售 NFT 来获取收益。艺术家 Beeple 便采用通行的 ERC721 通证标准，以发行 NFT 的方式，顺利将自己的作品"每一天——最开始的 5 000 个日夜"直接收益。除此之外，还有许多数字艺术品通过发行 NFT 的方式出售，这为全球的艺术家提供了极大帮助。

在元宇宙的世界中，NFT 也将发挥同样的作用，它会证明元宇宙世界中哪些物品是你的，而你则可以通过出售这些物品的 NFT 来获取收益。

2. 游戏物品

当前传统的网络游戏、手机游戏，通常以发行商为中心，他们完全掌控了游戏的各方面内容，一些游戏发行商还会以游戏内的物品所有权归属于自己，而警告玩家不要随意删除、摧毁游戏物品。对于这一点，不少玩家表示不认同，但事实其实就是如此，如果游戏发行商倒闭了、游戏关停了，那玩家辛辛苦苦打造、收藏的各类游戏物品也就不复存在了。玩家对自己的物品没有处置权，这不正说明了游戏物品的所有权掌握在发行商手中吗？

Axie Infinity 是一款基于以太坊的区块链游戏，随着元宇宙概念的火热，现在这款游戏又具备了"元宇宙"这一标签。参与游戏的玩家可以通过游戏中的战斗、繁殖等玩法来赚取游戏代币，而后还可以将这些游戏代币兑换成法定货币，在现实世界中交易。

Axie Infinity 拥有一套完善的经济系统，战斗与繁殖则是这一经济系统持续可循环的关键。在战斗模式下，玩家可以操作自己 Axie 小队，进行人人或人机对战，以此来获取游戏代币 SLP；在繁殖模式下，玩家可以让两个 Axie 交配繁殖出后代，新产出的 Axie 可以用来出售，也可以自己留用。

以 NFT 为基础的元宇宙游戏可以保障玩家对游戏物品的所有权，并使其可以不依靠托管而自由转移。在 NFT 的帮助下，玩家不仅可以完全掌控自己的游戏物品，而且能获得全新的游戏体验。比如，在元宇宙的世界里，你可以将这个游戏中的物品带到游戏中去使用、交易，也可以将游戏中获得的 NFT 卖给他人，让自己在游戏中投入的时间和精力获取收益。

在一些看好 NFT 未来发展的从业者眼中，在未来，一切都可以 NFT，可以赋能万物，开启资产数字化的时代。从短期来看，NFT 将继续在数字艺术品确权、流转和交易中发挥重要作用；从中期来看，那些传统现实世界中的资产会接连上链，实现流动性转化；从长期来看，越来越多的实物资

产会完成资产上链过程，极大提升实物资产的流动性。

　　元宇宙将会创造一个闭环的生态系统，配合区块链技术、NFT 使整个元宇宙世界的价值转移变得畅通无阻。

智能合约，你的就是你的

　　2050 年的一个早晨，你走进了一家杂货店去买牛奶。这个时候，你挥动一下手上的智能手表，就能够检测到牛奶盒中的透明加密芯片，并且能够获得它的哈希代码。当你完成这个举动之后，你手中的牛奶就毫无疑问地成了你的牛奶。

　　在元宇宙的世界中，事物所有权的概念将会被重新定义。互联网通过各种方式在各个方面影响着我们的生活，但并没有改变我们要在权威机构的授权下才能"拥有"某些数字产品的情况。你在现实世界中所拥有的一切，无论是你的钱，还是你的身份证，都要有一个公正的第三方机构证明，这是证实我们真正拥有某种东西的唯一途径。

　　从技术的角度看，你所拥有的一切在线资产并未真正属于你，你只拥有使用权，并没有所有权。就像前面提到的游戏中的装备一样，虽然是你辛辛苦苦单挑 Boss 刷出来的，但你只具有它的使用权，而并不拥有所有权。这些游戏物品，游戏发行商想要删除就能删除，想要摧毁也能摧毁，所有权还掌握在他们手中。

在区块链技术的助力下，智能合约的广泛应用将会让元宇宙世界中的我们不再遇到这样的困扰。

所谓智能合约，其实是一种运用信息化方式传播、验证或执行合同的计算机协议，区块链技术中的"公开透明""不可篡改"特征，便是由智能合约所赋予的。智能合约不仅能进行简单的资金转移，它还可以涉及我们生活中的方方面面。

利用智能合约可以进行个人健康管理。在健身的时候，你可以戴一个健身追踪器，将卡路里数量和运动量发送到区块链上。整个传送过程的数据是经过加密的，你的身份也是匿名的。家用医疗设备也是同样的道理，智能合约会触发你需要的服务——不管是健身计划，还是针对某些慢性疾病的治疗。

智能合约还可以被应用到股票交易之中，通过设定触发机制之后，在达到某个价格之后就能够自动执行买卖；在一些众筹平台上应用智能合约就能够跟踪募资的过程，设定达到众筹目标后，就会自动从投资者账户划款到创业者账户，之后创业者的预算、开销同样可以被跟踪和审计，进而增加了交易的透明度，投资者权益得到了更好的保障。

现行的法律从本质上来说就是一种合约，是由生活于某一社群的人和他们的领导者之间所缔结的，关于彼此应该如何行动的一种共识。而在个体之间存在的一些合约，我们可以将其理解为是一种私法，这种私法仅仅对合约的参与者生效。

比如，小强借给大壮一笔钱，他们之间签订了一个合约，最后大壮毁约了，不想还这笔钱了。这个时候，小强会将大壮告上法庭，因为小强与大壮把借钱的条款写了下来，并订立了合约，所以小强的诉求会得到支持。

但法律的制定者和合同的起草者却面临着一个不容忽视的问题：在理想的情况下，法律或者是合约的内容应该是明确且不会产生歧义的。但是，在现实中，有人会钻法律的空子。

智能合约能避免这些问题，因为智能合约的语言是编程所产生的，满足触发条件就能够自动执行。如果你不是一名程序员的话，在一开始的时候可能需要花费很长的时间去读懂合约的内容，一旦你掌握了阅读合约的方法，就能够用较短的时间读懂合约的内容。

如果采用智能合约的方式，一般的用户是可以起草简单合约的；如果是稍微特殊一点的合约，则可能需要资深一点的专家起草，就好比复杂的传统合同需要由专门的律师起草一样。

　　当我们得到这份合约之后，类似于"我认为""你认为"这样的误解就会被完全消除，且能够消除缔约双方是否依法履约的不确定性。也就是说，这份由代码写成的合约，既定义了合约的内容，同时可以保证合约的内容能够被执行。从本质上来看，这是一份不能被毁约的合约。

　　智能合约发展的初期，首先涉及的是虚拟货币、网站、软件、数字内容、云服务等数字资产领域，影响着它们的生根发芽，对于数字资产的"强制执行"有非常直接的效果。随着时间的推移，智能合约开始逐渐渗透到元宇宙世界之中。

　　在元宇宙世界中，当私法和公法都可以被完美监督和执行的时候，很多看似不可能的事情都会变成可能。例如，这时的法律与制度都是靠智能合约订立的，所有新法的通过以及针对现有法律的修正案，都必须用投票系统进行公开投票决议，这个投票系统也是由智能合约实现的。这样，元宇宙世界的"居民"就能够非常清晰地意识到法律执行和适用的范围。

　　智能合约会引领我们走入元宇宙世界中，就如同好莱坞的科幻电影一样，可以将契约以程序化、可追溯、可验证的方式进行去中心化处理，大幅降低如金融系统中的"暗箱操作"等行为发生的概率，构建起安全高效的元宇宙生态。

第 5 章

5G + 云计算：元宇宙
世界的"催化剂"

5G 特性与元宇宙需求

元宇宙概念的横空出世，为 5G 的普及与发展又增添了一种可能性，这一通信技术将在元宇宙世界中大放异彩。

元宇宙世界的网络环境要比当下互联网时代的网络环境复杂得多，这就对数据传输的频宽和延迟提出了极高要求。5G 技术的高速率、低时延和大连接等特性，可以满足用户在元宇宙世界中高实时、低时延的沉浸式体验，也可以让用户随时随地进入元宇宙世界之中，而不必担心连接不畅的问题，正好可以满足元宇宙世界在这方面的需求。

1. 高速率

作为一个新的全球性通信技术标准，5G 高速率特性主要表现在，网络传播速度是 4G 的 100 倍，下载速度可以达到每秒钟 10 GB。简单来说，如果你在 4G 网络里下载一部电影需要 5 分钟，那你在 5G 网络里只用 1 秒钟就能下载完。

在 4G 网络中，单个载波的最大频率范围是 20 MHz，依靠载波聚合技术可以将不连续的载波聚合在一起，从而提升网络传输速率。但与5G网络相比，这样的速率显然是不够的，在大规模天线技术和波速追踪技术的支持下，5G可以顺利使用高频段资源，获得更高的网络传输速率。

2. 低时延

5G低时延特性主要表现在，通过对帧结构的优化设计，让每个子帧的时域缩短，实现了在物理层上对时延的优化，可以将网络数据传输时延降低到1毫秒。当你使用5G与家人或朋友通话时，就会像面对面对话一样顺畅，声音、表情、动作，都可以在1毫秒之内传输给对方。

3. 大连接

5G大连接特性主要表现在，用户连接能力可以达到100万连接/平方千米，大规模物联网将以高效且低成本的方式实现互联，智慧家居、智慧城市、智慧电网也将一步步完善，人类将由此进入真正的万物互联时代。

5G大规模商用，首先影响到的是VR行业，作为构建元宇宙世界的重要技术，VR技术的应用落地，将会加快元宇宙时代的到来。

依靠着高速率、低时延、大连接的特性，5G将会解决VR技术发展过程中的短板问题，比如，5G可以让VR用户体验到实时超高清画质，并减少时延造成的不适感。此外，5G与云端相结合，还可以优化VR设备的设计，VR设备设计者便可以将负责计算的模块转移到云端，从而让 VR 设备更为轻巧、便携，这也是提升用户使用体验的重要变化。

中国移动联合相关机构推出的 5G VR 重症监护室远程观察及指导系统，已经在国内多家医院落地应用。借助于这一应用系统，异地专家可以通过系统进行 360 度全方位高清远程诊疗指导，为病患提供专业诊疗服务。在新冠肺炎疫情期间，借助于这一系统，医护人员还可以在减少与病患接触的情况下，全方位观察、照顾、探视病患。

5G 对于虚拟现实产业的影响，不只表现在与 VR 技术的结合上，在创作虚拟内容方面，5G 也发挥着重要作用。近年来，用户对于虚拟现实内容质量和实时性的要求不断提高，这为虚拟内容创作者带来了不小的压力，但随着 5G 的大规模商用，一些内容编辑工作变得简单、高效。

以实时抠像技术为例，传统的绿幕实时抠像技术虽然已经发展的相对成熟，但限于 4G 网络在时延和传输能力上的不足，呈现出来的效果并不太好，比如，某影视剧中女主角在被斩首前，利用实时抠像技术呈现出的上半身画面，边缘的锯齿感就非常明显。

随着神经网络技术的发展，传统的绿幕抠像技术被实时抠像技术所取代，这种技术可以对动态人像进行实时抠图，呈现出十分生动的图像效果。当然，想要让这一技术"发挥全力"，需要强大的算力支持，并且要保证渲染帧率不低于

30 fps。在使用 5G 网络后，实时抠像技术可以获得 60 fps，甚至更高的渲染帧率。

在虚实场景拟合方面，5G 也发挥着重要作用。所谓虚实场景拟合就是将虚拟对象与真实场景在 AR 系统中实时匹配，来保障在现实世界中出现的虚拟对象能够更加逼真。想要实现这一点，一方面要在时间上达到一致性，即用户与虚拟对象的交互要得到及时反馈；另一方面还要在几何上保持一致性，即让虚拟对象能够符合真实世界的物理原则。当然，在这两方面之外，还需要有实时光照追踪和渲染，以增强虚实场景拟合的效果。5G 网络凭借自身特性可以确保海量数据高效实时传输，能够有效解决虚实场景拟合所面临的问题。

渲染处理是构建元宇宙世界的关键技术，其效果的好坏直接影响到内容的呈现以及用户的体验。利用 5G 网络，不仅可以提高虚拟现实终端的图形处理能力，还可以通过云端渲染来优化画面质量，为用户呈现更高级别的虚拟现实沉浸体验。

5G 是一场时代的变革，它以更加先进的通信技术为主要力量，从人与人的连接延伸到万物之间的连接，从个人和家庭延伸到社会上的各个领域。5G 凭借自身特性，将会为元宇宙世界提供更为高效的网络支持；5G 与元宇宙的结合，将会助力我们打开元宇宙世界的大门。

云计算，元宇宙世界的算力支撑

想要构建一个完整的元宇宙世界，不仅需要更高效的渲染处理技术，还需要更高的算力水平。与 5G 一样，云计算也是构建元宇宙世界的重要基础，其将为元宇宙世界的运转提供必要的算力支持。

在互联网还未普及之前，大多数人通过图书馆来查找相应的资料；当互联网走入千家万户后，人们可以利用网络来搜寻自己想要的资料；随着移动互联网时代的到来，人们通过小小的智能终端，便可以在互联网的信息海洋中"遨游"。

互联网之中的信息越来越多，想要从浩渺无边的信息海洋之中找到自己所需要的信息变得越来越困难。如果在互联网之上能够有一个类似"图书馆"的地方，可以将众多的信息容纳在其中，那么人们寻找资料也就方便多了。

云计算技术的出现，在一定程度上满足了人们在这方面的需求。作为一种商业计算模式，云计算的概念最早是由

Google 公司所提出。这一理念的核心思想是将大量的用互联网连接的资源进行统一管理，从而构成一个无限的资源池。

在这资源池之中有计算设施、存储设备和应用程序等组件，根据使用需求支付和弹性扩展的方式向用户提供服务。用户可以从中获得各种 IT 资源，也能够使用其中的软件和互联网应用。

这就是说，有人在网络世界中建立了一座"图书馆"，这个"图书馆"中不仅有各种各样的图书资料，还有一些专门处理问题的工作人员为用户服务，同时用户还可以享受到各种各样的"特色饮品"。与普通的图书馆一样，用户在这里借书或者点餐都需要交纳一定的费用。

上面的这个比喻基本上说出了云计算概念的大体框架，但很难完全概括云计算技术广阔的应用范围。在云计算的整个架构之中，提供资源的网络被称为"云"，而云计算技术的提供者将计算机中的硬件、软件和数据全部都搬到了互联网之上，任何用户都可以通过互联网来随时随地使用"云"上面的服务。

可以说，云计算技术让数字成了一种资源，将这种资源存储到"云"上之后，供每一个互联网用户去使用。试想一下，当我们在出差的途中，临时需要制作一份幻灯片，幻灯片内容要使用公司的一些重要资料，如果公司拥有一个"云"资源库的话，我们可以直接通过手机登录到"云"之中，利用"云"中的编辑软件和公司资料，就可以轻松制作出一份幻灯片。

当幻灯片做好后，还可以存放在"云"之中，到了使用的时候再从"云"中提取出来。这样我们就不需要再随身携带笔记本电脑和存储工具，也不用再去寻找专门的工作场所去编辑资料，这种操作大大精简了整个工作流程。

云计算技术的出现使得数字成为像水、电和煤气一样的资源，可以像商品一样进行流通，根据使用的多少来缴纳相应的费用。而随着移动互联网以及物联网技术的兴起，用户可以更加方便地访问云环境，获取其中的资源。

上面提到的这些，只是云计算技术最为基础的应用，随着云计算技术不断成熟与发展，其应用范围也开始逐渐扩展。在科学研究领域，云计算技术能够提供强大的计算能力，越来越多的大型科学计算应用被部署到了"云端"之中，维持元宇宙世界持续稳定运转的算力，也可以通过云计算技术来提供。

在计算机产生的最初阶段，计算机虽然拥有庞大身躯，但信息处理能力十分低下。随着科学技术的不断发展，计算机的体型开始变得越来越小，而计算能力变得越来越强大。

云计算技术出现以后，其强大的计算能力成了科研领域的一种重要力量，利用存储在"云端"之中丰富的数字资源，可以大大缩减大型科学计算应用的执行时间，从而缩短科学研究的周期。

在工业制造领域，通过建立制造业云服务平台，可以促进制造业完成数字化转型，使制造企业从单一的产品供应商向整体解决方案提供商以及系统集成商转变，并且为制造企业提供信息共享和制造流程自动管理等服务，最终推动制造业数字化和全球化的发展。

在家居生活领域，云计算技术也同样发挥着重要的作用。利用人工智能技术和云计算技术，家庭中的各种电器设备都可以统一接入"云端"之中，这样我们便可以通过手机或是其他控制设备来远程操控家中的各种电器。而处于云环境中的各种家用电器可以不断记录用户的使用习惯，不断协调各个设备之间的工作，为用户提供更加智能和舒适的生活体验。

相对于传统计算模式，云计算具有十分明显的优势。在传统的计算模式之下，人们需要分别购买和安装特定的应用软件来处理工作文档或者存储数据。而在"云计算"模式之下，人们通过浏览器连接到"云"，然后就能够直接利用"云"资源来完成自己的各项工作。

随着互联网用户不断增加，越来越多的信息出现在互联网之中，每一个互联网用户都是一个单独的个体，当人们需要浏览视频时，便会去下载相应的视频客户端；当人们需要编辑图片时，则会去下载相应的图片编辑软件。如果把每

个人的共同需求集中到一起，把这种共同的需求整合到一个
"云"之中，那么，互联网之中的资源便能够得到更加高效
的利用，同时也能够增加用户在使用资源时的便捷性。

云计算技术的应用不仅对个人用户有重要的影响，而且
对广大企业，尤其是中小型企业来说，具有更加重要的意义。
在数字化程度不断加深的今天，企业想要获得长足的发展，
必须进行数字化的转型，而在这一过程中，除了需要建造机
房、购买各种软件外，还需要在设备维护和人才培训方面投
入大量的资金，这对于中小企业来说是一个不小的负担。

在云计算的模式之下，中小企业可以通过购买云计算服
务来进行数字化转型。企业只要连接网络就可以根据自己的
需求，选择使用日常的财务管理、营销宣传或是客户关系管
理等服务。除此之外，云计算服务商还能够帮助管理企业的
信息平台，增强企业的市场竞争力。

作为数字技术的重要组成部分，云计算技术发展于数字
时代的"信息大爆炸"，通过将原本庞大冗杂的数字信息聚
合在"云端"的资源库之中，从而让数字信息变成了数字时
代中最具价值的一种资源。同时，云计算技术的应用，对元
宇宙世界的构建及稳定运转，也具有十分重要的作用。相信
随着这一技术的进一步发展，终有一天会达到元宇宙世界对
算力的"苛刻"要求。

边缘计算技术的突破

作为云计算之后的又一新型计算模型，边缘计算技术在一定程度上推动了算力的发展，也为元宇宙的发展提供了重要助力。

边缘计算指的是在靠近物或数据源头的一侧，采用网络、计算、存储和应用核心能力为一体的开放平台，就近提供最近端服务。这项技术的应用原理与章鱼捕猎时的状态有些类似，章鱼捕猎时，行动非常灵活，几只触手彼此默契配合，从来不会相互干扰或是彼此缠绕在一起，这是因为章鱼的神经元多分布在腿上，在发现猎物时，这些腿才能快速反应、高效配合。

从本质上来说，边缘计算是对云计算中心式计算模型的重构，由于将计算放在靠近对象的边缘端，缩短了通信链路，所以可以在数据产生侧提供更为高效的需求响应，极大提升数据处理的速度。

　　元宇宙世界将会产生海量连接及海量数据，如果将海量内容实时上传到云端并进行决策，就必须要考虑算力和带宽的问题，同时还要注意遇到因时延而产生的即时响应问题。针对这种情况，边缘计算可以凭借自身特性及算法，即时反馈决策并过滤掉绝大多数无用的数据，降低云端的负荷，这便让处理元宇宙世界的海量连接及数据成为可能。

　　边缘计算起源于 20 世纪 90 年代的内容传送网络（CDN），这一网络在接近终端用户处设置了传输节点，以存储图像和视频。1997 年，计算机科学家将边缘计算用于语音识别，这在很大程度上促进了 Siri 等语音识别系统的出现。

　　2006 年，亚马逊公司推出 EC2（Elastic Compute Cloud，弹性计算云）服务，标志着云计算的正式问世。之后，越来越多的企业投身于云计算领域，这在一定程度上促进了边缘计算的发展。2012 年，思科公司推出了分布式云计算基础设施"雾计算"，想要以此来提升物联网的可扩展性。其实，"雾计算"的概念包含着许多边缘计算的理念。

　　以技术成熟度来划分，边缘计算技术可以分为四个基础等级，即从 1.0 阶段孤立的静态系统到 4.0 阶段无形的自管理系统。

　　边缘计算 1.0：在确保安全的情况下，管理和连接机器与设备，启动数字边缘。

　　边缘计算 2.0：采用开放的、软件定义的技术，轻松管理网络。

边缘计算 3.0: 信息技术与运营技术融合, 具备一定的弹性和实时能力。

边缘计算 4.0: 与人工智能技术融合, 形成一个自管理、自适应的系统。

到现在, 边缘计算已经成为推动物联网发展的关键技术, 微软、亚马逊等公有云供应商, 以及各国的电信营运及设备商, 都纷纷进入边缘计算市场。近年来, 边缘计算技术在新兴物联网领域得到广泛应用, 自动驾驶、无人机、AR/VR, 以及智能机器人等这些需求实时影像分析及辨识处理, 对时延和带宽都有极高要求的应用领域, 尤其适合采用边缘计算技术。

以自动驾驶来说, 边缘计算技术可以为自动驾驶业务提供毫秒级的时延保证, 确保自动驾驶车辆可以更高效地自动避开障碍物。同时, 依靠基站提供算力, 还可以实现对高精度地图相关数据的分析与处理, 更好地规划行驶路线并对视线盲区的危险状况及时预警。

在 AR/VR 场景中, 边缘计算技术可以大幅度降低 AR/VR 终端设备的复杂程度, 以更为小巧的设备替换那些复杂的穿戴设备, 在降低成本的同时, 为用户提供更为舒适便捷的使用体验, 这对整个 AR/VR 产业的发展也是大有裨益的。

可以看到, 边缘计算技术在诸多领域的应用, 将会大幅推动相关产业的发展。对于元宇宙世界而言，边缘计算技术不仅可以解决时延过长、汇聚流量过大的问题，还能为元宇宙世界的实时交互提供更好的支持。当然，想要真正实现这一点，除了边缘计算技术之外，还要依靠芯片技术的支持。

光电芯片，未来芯片助力元宇宙

在构建元宇宙世界的过程中，芯片是一个无法绕开的话题，无论是人工智能，还是 AR/VR 设备，想要在构建元宇宙世界时发挥作用，都需要依靠芯片技术的支持。

在元宇宙这个沉浸式虚拟世界中，将会产生巨大的计算需求，从当前来看，还没有合适的芯片能够达到这样的计算能力。某科技公司元宇宙项目的负责人更是坦言，想要为元宇宙世界提供能量，芯片的计算能力需要再提高 1 000 倍。

"半导体芯片上可集成的元器件数目，每 12 个月便会增加一倍。这就意味着，同样规格的芯片成本，每 12 个月便会降低一半。"作为计算机行业最重要的定律之一，摩尔定律在近 50 年的时间中，影响着整个计算机产业的发展。

到现在，摩尔定律已经趋向终结，因为人类已经无法再去创造更小、更经济的芯片了。摩尔定律让计算机从需要占据一间大房子，变成了只要一张小桌子就可放得下。同时，也让计算机的计算速度变得越来越快。现在，这一持续近50年的巨大技术力量已经走到了终点，主要原因是芯片的物理和经济成本已经接近了极限。

从这一角度来说，继续开发更小的芯片所面临的难度将会越来越大。真正等到硅芯片发展到物理极限之后，那半导体行业可能也就走到尽头了。当然，如果能够找到硅芯片的替代者，摩尔定律便会继续延续下去，为此，世界各国的科研人员都在积极尝试各种方法。

一些科研人员认为，想要让摩尔定律继续延续下去的一个方法就是将其放入第三个维度之中。当前的芯片都是扁平化的，如果把元件堆叠起来，即使芯片的封装无法再缩小，也能让它们的容量得到扩大。

韩国三星公司研制的一款硬盘，其内存芯片就堆叠了好几层。但在具体应用中，如何确保 3D 芯片获得足够冷却能力，成了制约这项技术发展的一个问题。此外，想要让足够多的电子和数据进入这种芯片中，来保持供电或提供一些数字处理的能力，也需要解决这一问题。

另外，一些科研人员认为，可以利用量子力学的规则来开发计算机。利用量子计算可以让机器比其他传统计算机更容易解决一些特定的数学问题，尤其是破解一些密码。当然，在其他问题上，量子机器可能并没有什么优势。

此外，与前面提到的方法一样，量子机器想要工作，也需要首先解决一些棘手的问题。量子机器在正常工作时，必须要用液氮冷却到接近绝对零度的水平。同时，还要保持内部与外部世界的隔绝，因为即使是最小的热脉冲和电磁波，都可能会影响量子机器中的量子态，从而影响机器的正常运转。

相比于前面几种方法，光子计算在未来可能会更有希望延续摩尔定律，而光电芯片则将会成为元宇宙世界发展的关键。相比于半导体芯片，光电芯片不使用晶体管，改用超微透镜，用光信号来代替电信号进行运算。同时，在运算过程中，光信号不需要改变二进制计算机的软件原理，便可以轻松实现极高的运算频率。一些电子芯片在数据处理能力和高速稳定运行方面的问题，在光电芯片中也可以得到有效避免。

2015 年 12 月，研究人员开发了一种光电芯片，这种芯片可以用光来传输数据，速度比传统芯片要快很多，在能耗上却少了很多。这种光电芯片每平方毫米处理数据的速度可以达到 300 Gbps，比当前标准处理器快 10 倍到 50 倍。从大小上看，虽然这种芯片只有 3×6 毫米大，两个处理器内核中却有 7 000 万个晶体管和 850 个光子元件。

光电芯片是光电子技术的代表，当前主要应用于通信领域，从而实现光通信系统中光电信号的相互转换。从原理上来讲，光通信主要应用了光全反射的原理，当光以一定的角度注入光纤中时，就可以在光纤中形成全反射，从而达到长距离传播的效果。

在光通信过程中，首先将电信号转换成光信号，然后再调制到激光器所发出的激光束上。经过光纤传递，在接收端接受并转化成为电信号，经过调制解调后变成信息。

光电芯片是组成光模块的重要元件，而光模块则是光通信系统中的核心组件。因此，光电芯片的性能也就直接影响着整个光通信系统的性能。

制造光电芯片主要有三个环节，分别是外延材料设计、外延材料制备和后端工艺制备。其中，外延材料设计主要是指借助模拟仿真软件，设计出满足应用需求的芯片外延结构；而外延材料的制备是利用相关方式生产出满足设计要求的外延材料；后端工艺制备则主要是利用半导体相关工艺，制作出具有一定表面结构的光电芯片。

光电芯片的常用制作工艺包括洁净技术、沉积技术、光刻技术、外延生产技术和芯片减薄技术等。由于光电芯片所使用的化学元素种类较多，成本也很高，因此，其在制备上会更为复杂，操作要求也会比较高。

我国近 90% 的信息量是通过光纤传输的，这也使得光通信及相关产业成为信息技术产业中的一大新的经济增长点。在性能上，光电芯片将会突破传统电子芯片在性能上的瓶颈，进一步提高信息传输的速度和准确率。随着光电芯片技术的日臻成熟,芯片封装成本进一步降低后,光电芯片将会进一步应用到智能机器人、移动设备和 PC 之中,应用领域和应用场景都会进一步扩大。

当前,全球信息通信领域迎来 5G 变革,高速率光模块数量的应用也随之大幅提升,这对光电芯片产业来说,是一场具有变革意义的机遇。

从当前光通信行业现状来看,中兴、华为已经成为光通信系统设备领域的领导者,而一些光纤厂商也已牢牢占据了市场有利位置。但在最为重要的底层光器件和光芯片领域,一些光器件高端工艺和光芯片核心技术,还掌握在外国厂商手中。

目前,我国能够生产光电芯片的企业并不多,而且大多数企业只能生产大批量低端芯片。能够生产中高端芯片的仅有华为、海信、光迅科技等少数企业,这些企业的中高端芯片市场占比较低,在高端芯片方面依然落后于美国和日本的一些企业。

随着人们生活水平的逐渐提高,人们对生活质量的要求也在不断提高。5G 时代的到来,光电芯片产业将会有更为广阔的市场。伴随着元宇宙概念的发酵以及世界各国在芯片等核心领域的竞争中逐渐加深,光电芯片产业也将会获得进一步发展。当然,光电芯片若想要真正成为支撑元宇宙世界的重要基础,还需要一段较长的时间。

云游戏，跨向元宇宙的第一步

元宇宙概念火热之后，云游戏被认为是实现元宇宙的关键路径之一。事实上，大多数研究者认为，想要成功构建元宇宙世界，首先要实现云游戏，也就是说，云游戏的实现将成为人类跨向元宇宙世界的第一步。

云游戏利用强大的云服务对游戏画面进行渲染，并借助高速网络将游戏画面实时传递到用户终端，用户则可以在终端上对游戏进行各种操控，而云游戏应用体验与其他应用游戏没有太大区别。

相比于普通终端游戏，云游戏可以让用户像浏览网页一样，随时选择自己想要体验的游戏，既不需要花时间下载安装包，也不用担心自己的终端设备达不到游戏要求，也就是说，用户再也不需要为了体验 3A 游戏而专门去购买高端显卡了。

云游戏本质上是一种技术手段，即利用远端计算资源进行复杂运算，并在本地终端上进行显示的技术。这种技术可以追溯到20世纪80年代的Unix图形显示系统，在这一系统中，用户可以在本地设备上看到一个在远端服务器上运行的应用图形界面，但当时这种图形界面多是二维设计，还无法实现三维绘制。

随着传输渲染图像方案的诞生，各种商业云游戏系统才得以问世。在这种技术方案下，所有的三维渲染都在服务器端完成，渲染完成的游戏图像则会以视频流的形式实时传输到客户端，这样一来，客户端要做的就只是接收视频流并解码，以及将用户输入的游戏指令传回到服务器上。

解决了终端设备的算力问题，云游戏还面临着延迟问题。在很长一段时间里，云游戏之所以无法真正发展起来，就是受困于延迟问题，准确来说，云游戏的延迟问题就是交互上的延迟。这种交互上的延迟，主要指用户从输入游戏指令开始，到在终端设备上看到与游戏指令相对应的内容变化为止所用的时间。

至于具体的时延标准，不同的游戏会有不同的要求。比如，棋牌类游戏的时延可以稍高一些，最长可以是200~300毫秒，因为用户在玩这类游戏时不需要频繁的操作。如果是操作较为频繁的游戏，响应延迟在200毫秒以上，用户可能就要拍键盘、砸手机了。尤其是那些第一人称射击类游戏，对响应延迟的要求会更高，一般要控制在60毫秒，甚至更低，才能为用户带来更好的游玩体验。

与上面提到的各种网络游戏、手机游戏相比，使用头戴式显示器的虚拟现实游戏对响应延迟的要求更为苛刻，如果响应延迟数值太高，用户就很难用肢体动作与画面显示的内容做配合，比如，用户在现实中已经打出了两拳，可显示的画面刚呈现出他打的第一拳的情境，这会让用户产生不必要的错觉。

一般来说，在使用头戴式显示器玩虚拟现实游戏时，响应延迟最高不能超过 25 毫秒，如果达不到此标准，戴着头戴式显示器的用户就会产生眩晕感。

在输入设备上，使用 USB 手柄或是键盘鼠标等有线输入设备，可以将输入延迟控制在 1 毫秒之内，但使用蓝牙连接的无线手柄，或是手机的触摸屏，输入延迟就会增加到 10 毫秒以上。许多云游戏提供商为了解决这一问题，会让游戏手柄直接与无线网络或是游戏服务器通信，进而降低响应延迟。

而在输出设备上，由于显示器的刷新频率不同，相应的响应延迟也会有所不同，比如，60 Hz 刷新频率的液晶屏在显示屏刷新时会增加 8 毫秒的响应延迟，120 Hz 刷新频率的显示屏则会增加 4 毫秒的响应延迟。

其实，相比于网络传输的延迟，输入与输出设备的响应延迟并不严重，想要真正提升云游戏用户的使用体验，必须要解决这一方面的问题。具体来说，网络传输的延迟主要表现在传播时延、发送时延和排队时延三个方面。

1. 传播时延

传播时延指的是端到端发送一个数据包所需要的网络时延，通常会受到网络类型、路由器处理速度和繁忙程度，以及端到端之间物理距离的影响。举例来说，游戏服务器与终端设备的物理距离每增加 1 000 千米，响应延迟就会增加 6.7 毫秒。

2. 发送时延

发送时延指的是端到端发送完当前内容所包含数据包需要的时间，通常会受到发送内容的大小和网络实际带宽的影响。

3. 排队时延

排队时延指的是传输数据在缓存队列中排队耗费的时间，通常会受到缓冲队列中图像数量的影响。

网络传输的速度及稳定性可以说是云游戏系统面临的最大挑战，5G 凭借低延迟、高带宽的特性带来了更高的网络速率，在一定程度上解决了云游戏系统在网络传输方面的问题，但并没有把这些问题彻底解决，或者说，仅依靠这一技术当前的发展水平，还不能将云游戏系统带入终极形态之中，更不要说在云游戏系统的基础上去构建元宇宙世界了。

用户在元宇宙世界中追求的是沉浸式体验，这就要求将响应延迟降到更低水平。当前，云计算解决了本地硬件性能的限制，边缘计算实现了算力的高效分配，在高性能云服务的基础上，可以对网络环境进行深度优化，从而将弱网环境中的延迟降低到 10 毫秒以下，将强网环境中的延迟降低到 0.5 毫秒以下，这为打破元宇宙世界的壁垒提供了重要助力。

从云游戏到元宇宙，虽然现在看上去还遥不可及，但伴随着云游戏系统的逐渐成熟，5G 及云计算技术的大规模成熟应用，我们终将迈出从云游戏到元宇宙的那一步。

第 6 章

AR&VR：虚拟现实只是"开胃菜"

元宇宙不止于"绿洲"

在电影《头号玩家》中，人们只要戴上虚拟现实头盔，穿上传感设备，搭载运动装置，就可以完全沉浸在"绿洲"世界之中。

"绿洲"是个虚拟世界，这里有繁华的都市，有热闹的派对，还有各式各样的人，你可以在这里做任何想做的事情。就算你在现实世界中一无所成，你也可以在这个虚拟世界中成为超级英雄。

《头号玩家》中的"绿洲"可以看成是一个元宇宙世界，但不足以完全代表元宇宙世界的全部。随着 AR 及 VR 技术的进一步发展，更为完整、丰富的元宇宙世界将会出现在我们面前。

AR 技术被称为增强现实技术，这是一种实时计算摄影机影像位置以及角度并且加上相应图像的技术，其目标是在屏幕上把虚拟世界套在现实世界并且进行互动。可以看出，

AR 技术就是一种将虚拟世界与现实世界叠加互动的技术。当 AR 技术的应用普及之后，虽然我们的现实不会变成虚拟的，但是虚拟和现实之间的界线将会变得模糊。

AR 技术被称为虚拟现实技术，是一种将真实世界信息与虚拟世界信息集成在一起的新技术，就是把在现实世界中一定时间和空间范围内很难体验到的实体信息，通过计算机技术进行模拟仿真，然后再将虚拟的信息叠加应用到现实世界之中，从而被人类的感官所感知，最终让人实现一种超越现实的感官体验。

如果简单从内容描述上理解，很容易将 AR 技术与 VR 技术的概念混淆，甚至很多人认为，AR 技术与 VR 技术之间并没有什么区别。实际上，二者之间不仅存在着区别，在内容上也大有不同。

首先，AR 技术是一种将真实世界的信息和虚拟信息整合的技术，就是通过一定的硬件设备来深度了解现实事物背后的信息。具体来说，当我们佩戴 AR 眼镜逛商场时，呈现在我们眼前的不仅只有商品，我们还可以看到商品的价格、材料、颜色、产地等各种与产品相关的信息，也就是说，我们可以通过 AR 设备来看到现实事物背后的详细信息。

VR 技术则是一种数字化的仿真技术，简单来理解的话，就是复制现实世界之中的一切规律、现象，然后构建一个全新的、以人类现实世界为蓝本的虚拟世界。这个虚拟世界依然需要遵循人类世界的客观规律，人们可以在这个虚拟世界之中感受到下雨、下雪，也可以感受到地动山摇，甚至能够感觉到时间的流逝以及生命的消亡。可以说，VR 技术为人类创造了一个新的世界，只不过这个世界是虚拟的。

VR 技术之中的硬件设备更像是让我们进入虚拟世界的通行证，而 AR 技术之中的硬件设备则是我们更好地认识现实世界的一个辅助装备。因此，可以这样理解，AR 技术是连接现实世界与虚拟世界的一个桥梁，而 VR 技术则会帮助我们进入一个真实的虚拟世界。

那么，究竟是 AR 技术，还是 VR 技术，引领我们进入元宇宙世界呢？从当前这两种技术的发展来看，VR 技术在商业应用方面发展得更快，但在使用场景上颇为受限；AR 技术虽然还不够成熟，但自身所具备的特性决定了其在未来将会拥有更为广阔的应用场景。

关于 AR 技术的研究，已经有许多公司开始着手进行。谷歌公司早在 2014 年便推出了第一代的增强现实软件系统 Tango，并且在 2017 年 1 月展示了最新一代的系统。Tango 使用了许多不同类型的传感器，这些传感器与专门的处理器和摄像头一同工作，以此为基础能够精确地绘制出周围区域的地图，从而达到增强现实的目的。现阶段，由于需要大量的硬件传感器才能够维持正常运转，所以 Tango 只应用在少数几款智能手机上。

　　而苹果公司在 2017 年 6 月的 WWDC2017 全球开发者大会上推出了"ARKit"开放平台。相比谷歌公司的 AR 系统，苹果公司的 ARKit 显然不会面临碎片化的问题。只要用户的苹果设备升级到了全新的 iOS11 系统，那么这些苹果设备就能使用 ARKit 的功能。ARKit 能够利用每一部苹果设备上的摄像头，以及这些设备之中的各种不同类型的传感器，为用户创造出一种准确的增强现实体验。

　　2021 年 12 月 14 日，OPPO 公司发布了新一代智能眼镜 Air Glass，这款智能眼镜与此前华为公司、小米公司推出的智能眼镜一样，采用了光波导技术。由于 AR 眼镜不仅要看到真实的外部世界，还要能看到虚拟的信息，所以在成像系统上要多增加一些光学元件，这样便能以"层叠"的方式，将虚拟信息和真实场景融合，相互补充、相互增强。在诸多光学元件中，光波导算是较为理想的一个。

　　当前，微软、小米、lumus 和 Magic Leap 等公司的 AR 产品都搭载了光波导技术，可以说，当前主流的 AR 智能设备基本上都应用了光波导技术。随着这一技术的广泛应用及发展，AR 设备的功能也将会得到进一步提升。

　　在具体应用方面，AR 技术比 VR 技术更具有优势。在一些具体的行业领域，AR 技术也发挥着重要的作用。

　　在医疗卫生领域，利用 AR 技术可以帮助医生完成一些比较困难的手术。由于人体器官是十分复杂的，医生在实施手术的过程中，精确定位是十分重要的。利用 AR 技术则能够很好地完成这一任务，通过对人体器官的模拟成像，医生可以轻松地找到需要手术的部位。在医学教学中，AR 技术也可以让学生能够更加真切地认识人类身体的各个部位。

在制造业领域，对于那些需要进行精密操作的仪器设备，利用 AR 技术能够更好地进行制造和维修。通过佩戴 AR 眼镜，工程师可以看到与设备相关的各种详细信息，这也让工业生产变得更加简单，工业生产的效率也将会得到很大的提高。

在信息传播领域，AR 技术可以将更多的辅助信息通过显示屏传递给观众，这样不仅能够让信息传播摆脱屏幕的限制，同时也能够让观众获得更加全面的内容。而利用 AR 技术可以让屏幕信息立体生动地展现在观众面前，也能够增加观众对内容的喜爱，增添观看的兴趣。

在文化娱乐领域，AR 技术可以让处于不同地点的玩家，进入同样一个真实的环境之中，这时玩家会以虚拟的自己来替代真实的自己，从而增加游戏的趣味性和沉浸感。另外，利用 AR 技术还能够让艺术展览更加真实，参观者在全方位观看艺术品的同时，还能够获得更加全面的艺术品信息。

可以说，AR 技术可以应用到我们生活的各个领域之中，但在现阶段，由于科学技术水平的发展并不完善，所以 AR 技术的发展还存在着一些局限性，还有一些困难需要克服。

随着人工智能技术的不断发展，在人工智能时代，AR 技术必将迎来一次重大的发展。虽然现阶段对 AR 技术的研究还存在着一系列的困难，但随着越来越多的新型人工智能技术的出现，AR 技术必将会跨越重重难关，最终真正将我们带入元宇宙世界之中。

全息影像还不够

元宇宙到底是什么？元宇宙就是 AR/VR 设备上的互联网，只有依托于 AR/VR 设备，元宇宙才能呈现出来。当前互联网所能囊括的一切，社交、电商、教育、游戏……我们所熟悉的各类互联网应用，都将会在元宇宙世界中呈现。从这一角度来说，元宇宙确实可以算作是新一代的互联网形式。

想要构建一个元宇宙世界，仅仅依靠 AR/VR 设备是不够的，在 2021 年云栖大会上，达摩院 XR 实验室首席科学家谭平博士提到了构建元宇宙世界的三层技术支柱，分别是全息构建、全息仿真和虚实融合。

1. 全息构建

全息构建是元宇宙世界的第一层技术支柱，研究者需要首先构建出虚拟世界的整个模型，并且让其在终端设备上显示出来，让用户产生一种沉浸式的体验。

这可以说是构建元宇宙世界的最浅层，当前市面上有很多 VR 看房、VR 探店都属于这种技术的应用，XR 实验室和天猫合作的全息店铺，也应用了这一技术。XR 实验室利用三维重建技术构建出线下店铺的 VR 模型，用户可以在这一模型之中游览，并随意点击商品，查看详情或下单。

可以看到，利用这种技术，我们可以足不出户地挑选商品。如果能够构建出现实世界中名胜古迹的 VR 模型，我们可以足不出户地游览名山大川。这种体验已经足够酷炫了，但与最终的元宇宙世界相比，这只是最初级的形态，还没办法让用户真正实现沉浸式体验。

2. 全息仿真

全息仿真是元宇宙世界的第二层技术支柱，研究者要构建出虚拟世界的动态过程，即让虚拟世界可以无限逼真地接近于现实世界。虚拟世界要有风、要有水，风会根据季节变化变换吹来的方向，水也会因为重力作用从高处流向低处……现在的很多 AR/VR 游戏实现了这一层级的效果。如果能够在更大规模、更大范围中应用，便能构建出一个完美的虚拟世界。

利用全息仿真技术，可以打造出形象生动的虚拟人物，前几年火爆的虚拟偶像，借助于全息仿真技术，从 2D 走向了 3D，有的成了晚会的表演嘉宾，有的成了品牌的广告代言人。

3. 虚实融合

虚实融合是元宇宙世界的第三层技术支柱，研究者需要将虚拟世界和真实世界融合在一起，具体来说，就是构建一个真实世界的高精度三维地图，并将真实世界的位置信息与元宇宙世界的虚拟信息相叠加。

在 XR 实验室与松美术馆合作开发的 AR 艺术展上，用户只要佩戴上专用的 AR 眼镜，就能够进入由艺术家设计好的虚拟世界之中，并且与这个虚拟世界中的虚拟元素展开互动。对于艺术家来说，这个虚拟世界是他们展示自己艺术作品的绝佳平台，他们甚至可以将自己的艺术创作理念灌注到整个虚拟世界之中。

想要达成上面三个技术层面的要求，需要应用到虚拟现实技术中的"立体显示"技术。这是一种以人眼立体视觉原理为依据的技术，通过对人眼的立体视觉机制和规律进行研究，从而设计出立体显示系统。

如果想要在虚拟的世界中看到立体的影像，就必须要知道人眼立体视觉产生的原理，只有搞清楚这一点，才能利用技术设备还原出立体的效果。从当前来看，应用较为成熟的立体显示技术主要有 HMD 技术、全息投影技术和光场成像技术三种。

1.HMD 技术

HMD 技术，即头戴显示技术，通过让影像透过棱镜反射，进入人眼视网膜中成像，从而实现在超短距离观看超大屏幕的效果。

应用了 HMD 技术的头戴显示器多使用两个显示器，这两个显示器分别向人眼提供不同的图像，人眼在接收到相应图像后，会借助于大脑将两个图像融合在一起，从而产生立体的图像。当前市面上许多 VR 眼镜都使用了这一技术，这些 VR 眼镜呈现的影像效果都很逼真，具备较高的解析度。

HoloLens 是微软公司在 2015 年推出的一款混合现实头戴显示器，这款设备内置了独立的计算单元，可以透过摄像头捕捉到各种外界信息，而后借助于 HPU（全息处理芯片），透过层叠的镜片创造出虚拟物体的影像，再借助于一些基础的体感技术，用户便可以与那些虚拟物体进行互动。

当你戴上这款设备后，设备会追踪你的行动及视线，并适时产生一些虚拟影像，通过光线投射到眼睛之中。此时的你仍然在现实世界之中，但你可以通过手势动作与那些虚拟的立体影像互动。比如，当你用手去点击现实世界的咖啡桌时，桌面便会破坏碎裂，当然，这只是你眼中虚拟的桌面碎裂了，而现实世界的咖啡桌依然完好无损。

2. 全息投影技术

全息投影技术包括投射全息投影和反射全息投影两种。不同于 HMD 技术利用双眼视差来创造立体形象，全息投影技术主要通过把光线投射到空气或其他介质上来呈现 3D 影像。这使得人们可以在各个角度观看这些影像，并获得与现实世界中完全一样的观看体验。

现在很多晚会表演、艺术展览都会应用全息投影技术，创造出美轮美奂的立体形象。在这些表演和展览中，提前在舞台上布置各种精密的光学设备，整个操作流程相对复杂，成本也比较高，要由专业人员进行操作。从当前实际情况来看，想要随时随地应用全息投影技术还不太现实。

3.光场成像技术

光场成像技术就是将人眼看到的光线采集、重组，从而让虚拟现实模拟出人眼观察物体的效果，进而重现三维世界。这一技术当前被广泛应用于生命科学、工业探测和虚拟现实等领域，具有较高的研究价值和产业前景。

只有先利用全息成像技术完成全息仿真过程，才能进一步去开展更大规模的虚实融合过程，进而构建出完整的元宇宙世界。想要让人在现实世界中看到三维影像尚且如此复杂，要构建一个完整的元宇宙世界那就更加复杂了。

交互技术的输入与输出

构建一个元宇宙世界所需的智能技术是多种多样的，前面提到的全息投影技术属于一种显示技术，是元宇宙技术中的最底层应用。与全息投影技术处于同一层级的还有交互技术，其与显示技术相结合，是构建元宇宙世界最底层的技术支柱。

交互技术也被称为"交互式设计"，是在创造物理产品时，使物理产品可以与用户互动的一种技术。交互技术可以为元宇宙用户提供沉浸式的虚拟现实体验，是实现虚实融合过程的重要技术。

在诸多交互技术中，模仿人本能的自然交互技术是较为常见，动态捕捉、眼动追踪、触觉交互……都属于自然交互技术的范畴，这些技术被应用到各种场景之中，将会为元宇宙世界的实现增添更多可能。

1. 动态捕捉

动态捕捉是利用外部设备对人体结构的位移进行记录，

并将人体的姿态还原出来的一种技术。这一技术所采集的数据可以被广泛应用于游戏、影视、人体工程学研究，以及虚拟现实研究之中。

提到动态捕捉，大多数人最先想到的是其在影视行业的应用，美国魔神公司利用光学动作捕捉技术，让演员穿着紧身衣在摄影棚中做动作，通过特殊相机和灯光进行动作捕捉，创造出了许多活灵活现的影视形象，《指环王》中的咕噜、《猩球崛起》中的恺撒，都是通过这种技术进行演绎的。

近年来，随着虚拟现实技术的兴起和发展，动态捕捉技术开始与虚拟现实技术相结合。越来越多年轻人追捧的虚拟偶像，可以在舞台上又蹦又跳一展歌喉，背后所应用的正是这种动态捕捉技术。一些创作者基于自身形象，使特征虚拟化，并收获了很多粉丝的关注。

从这一点来看，动作捕捉技术可以实现人的现实身体与虚拟形象的交互，这对元宇宙世界的实现具有重要意义。如果能够解决现实世界的人与元宇宙世界之中数字形象的完美交互问题，人类在元宇宙世界之中的自由行动就将成为可能。

2. 眼动追踪

眼动追踪是利用仪器来进行图像处理，定位人眼位置，并通过一定算法计算人眼的注视点，也就是通过监测人眼的运动变化，来推断人的大脑正在发生变化的一项技术。

　　为什么我们在观察一个复杂物体时耗费的时间会比观察
简单物体耗费的时间要多呢？这是因为我们在观看物体时，
其实没办法得到这些物体的图像信息，需要通过注视点的变
化来观察物体、感知世界。在这个过程中，大脑会将我们通
过连续注视点获得的图像与具体物体进行结合，我们若想看
清楚这些物体，就必须将注视点聚焦到这些物体的特征上，
如果这些物体的特征比较复杂，那我们注视它们所用的时间
也就越长。

　　上面提到的这些，便是眼动追踪技术的应用原理，研究
者可以利用这一技术通过眼动测量来探究人的具体行为。比
如，市场销售人员可以利用这一技术来获得消费者在购物时
对哪些商品更为关注，以及如何做出购买决定的相关数据信
息，以帮助自己完善市场销售策略。

　　在沉浸式虚拟现实研究方面，眼动追踪也发挥着重要
作用。相比交互式头戴追踪设备，应用了眼动追踪技术的交
互式眼动追踪设备要更为轻巧、便捷，利用眼动追踪作为
VR头显设备的身份识别器，也可以为用户提供更加舒适的
体验。

　　从当前发展来看，眼动追踪技术已经成为AR/VR行业
各公司竞争角逐的技术领域，这对推动眼动追踪技术继续发
展，并加速其与元宇宙世界相互融合具有积极作用。由于精
度和算法的问题，眼动追踪技术在虚拟现实领域的应用还存

在一定的局限性，还有一些技术难点需要突破。

3. 触觉交互

触觉交互是通过模拟人对现实世界物体的力触觉感知，将虚拟环境中的力触觉信息反馈给人的交互技术。触觉交互可以显著提高虚拟环境的交互性，并提升人在虚拟环境的体验感。

与视觉和听觉相比，人对触觉的感知程度并不低，但在人机交互领域中，触觉的交互却没有受到足够的重视。其实，并不是研究者不重视这一方面的研究，而是相比视觉和听觉交互，想要让现实世界的人在虚拟世界中获得触觉体验，并不是件容易的事情。

2021年11月16日，Meta公司推出了一款人机交互新产品——触觉手套，用户戴上这款手套，再去接触虚拟物体时会获得真实的触感体验。这是Meta公司继AR眼镜、肌电手环之后，推出的一款全新的人机交互产品。为了研发这款产品，Meta公司集结了软体机器人、手部追踪、触觉渲染、感知科学等诸多科研领域的研发人员，用了整整7年时间。

在介绍这一全新人机交互产品时，Meta公司提道，研发这款产品就是为了解决构建元宇宙世界所面临的核心挑战之一"如何接触虚拟世界"的问题。从具体的演示视频来看，这款触觉手套上布满了可伸缩的黑色装置，似乎正是这些装置打通了虚拟世界的"大门"。

　　戴上这款触觉手套后，用户可以对不同的虚拟物体进行操控。比如，将一个白色球体放在手上来回滚动，或是与另一个佩戴这款手套的用户相互握手、碰拳。透过这种手套，用户可以切实感觉到手部与虚拟物体接触时的触感。

　　看上去这款触觉手套的功能十分强大，但遗憾的是，它还并不能完全实现在虚拟世界中模拟真实世界丰富的触感，触摸金属的感觉、触摸流水的感觉、触摸火焰的感觉……这款设备还无法给人们在虚拟世界中带来这些触觉体验。但不管怎么说，这种全新产品的问世，也算是人机交互探索方面的一项突破。

　　除了对视觉、听觉和触觉交互技术的研究，当前还有一些研究者正在对其他感觉交互技术进行研究，以更好地满足构建元宇宙世界的需要。相信随着科学技术的进步，人类在交互技术方面一定能够取得重大突破，成功开启元宇宙世界的大门。

脑机接口，开启元宇宙的金钥匙

其实，在研发人机交互技术时，脑机接口也是 Meta 公司的研究方向之一，但之后由于实现难度的问题，这一研究逐渐被触觉交互研究所取代，这才有了触觉手套的问世。

脑机接口是让人或动物的大脑与外部设备建立直接连接的一种技术，简单来说，就是用大脑的意念去操控机器设备。

从分类上来说，脑机接口主要有单向脑机接口和双向脑机接口两类。单向脑机接口只允许单向信息交流，也就是说，计算机要么接受大脑传来的信息，要么为大脑输送信息，不能既接收信息又传递信息；双向脑机接口则允许大脑与计算机设备实现双向信息交换。

先是通过信号采集设备从大脑皮层采集电信号，进而放大并转换成能够被计算机识别的信号；而后再对信号进行预处理，利用特征信号进行模式识别；最后再转换成控制外部设备的指令，成功操控外部设备。这便是脑机接口技术的运作原理。通常来说，一个完整的脑机接口系统，主要包括信号采集、信号处理、控制设备、反馈环节四个重要的组成部分。

1. 信号采集

可用于脑机接口技术中的信号采集手段有很多，在评估这些手段时，通常会从规模、分辨率和侵入性三个方面去判断。

在规模方面，主要是考察可以记录神经元数量的多少；在分辨率方面，主要看其接收信息的细致程度；而侵入性则是看信息采集时是否需要动手术，是否会对大脑造成较大影响。从侵入性这方面来划分，脑机接口又可以分为非侵入式、侵入式和半侵入式三种。

非侵入式：利用附着在头皮上的智能设备对大脑信息进行解读，不需要侵入大脑。这种手段成本和风险都比较低，但由于人脑颅骨会减弱大脑信号、分散神经元电磁波，所以并不容易记录到高分辨率的信号，也很难确定发出信号的具体脑区和单个神经元。

侵入式：需要通过手术将电极植入大脑皮层，成本和风险都比较高，但可以获得较高质量的神经信号。从当前研究来看，侵入式手段可能会引发人体免疫反应，逐步降低电极信号质量，还可能会引发一些较为严重的炎症反应，所以这一手段在当前还处于试验论证阶段。

半侵入式：将脑机接口植入颅腔内，而不触及大脑皮层，并利用皮层脑电图对信息进行分析。通过这种手段获得的信号分辨率虽然不如侵入式手段高，但要高于非侵入式手段，对大脑造成的负面影响也小于侵入式手段。

在信息采集方面，当前各种手段都存在一些明显的弊端，如何在不对人脑造成过大负面影响的情况下，尽可能地获得更高质量的信号，是研究者所面临的最主要问题。

2. 信号处理

当收集到的信息足够多时，便需要开始对这些信号进行分析处理了。由于脑电信号在采集过程中会受到诸多因素的干扰，所以需要通过处理环节对信号进行解码和再编码来排除这些干扰因素。

由于信号采集手段的不同，可以应用的信号处理方式也有所不同，脑电图、皮层脑电图等分析模型都是常用的信号处理方式。其中，脑电图是一种很优秀的信息分析处理技术，除了对噪声相对敏感外，其在时间分辨率、易用性、便携性和性价比方面都具有较大优势。

3. 控制设备

将信号解码后再编码，主要是为了让控制设备按照大脑的意志自如行动，这也就意味着，再编码这一环节需要根据控制设备的具体行动来确定，即如何编码取决于去做什么事情。

　　如果我们想要让机械手臂把桌子上的水果拿过来，那我们就需要将信号编码成机械手臂的运动信号，机械手臂该如何移动、该怎样控制力量，都需要通过再编码来实现。

　　4.反馈环节

　　脑机接口系统的最后一个环节是信息反馈，也就是将从环境中获得的信息反馈给大脑，这一过程也是非常复杂的。人能够通过视觉、触觉、嗅觉感知环境的变化，并将这些信息传递给大脑并进行反馈，这一过程究竟是如何实现的，研究者只有先解释清楚这一问题，才能在脑机接口系统中顺利实现信息反馈。

　　想要做好上面四个部分的工作，并不容易，这也是脑机接口技术发展所面临的现实困境。即使如此，依然有很多国家投入了大量资源开展这一方面的研究，当前，这项技术已经成为国际脑科学最前沿的研究技术。

　　我国的“脑科学与类脑研究”重大项目，便是基于脑机接口技术而展开的，几乎所有的项目内容都需要脑机接口技术提供底层的核心技术支持。

　　脑机接口技术的核心在于充分发挥人脑优势，可以绕过人体器官，让大脑直接与外界设备进行高效互动，这对于修复人的运动感知功能具有重要意义，可以帮助那些高位截瘫、渐冻症病人恢复独立生活的能力。在未来，脑机接口技术极有可能替代智能手机，发展成为新一代智能终端，为人们的生活提供更多便利。

相比其他交互技术，脑机接口的实现难度要高很多，即使如此，依然有许多人将脑机接口看成是构建元宇宙世界的重要技术。许多公司通过脑机接口，让用户可以依靠意识进行各种交互解析，从而实现在元宇宙世界中的各种交互行为。虽然从短期来看，想要大面积推广脑机接口试验，并不是一件容易的事情，但这一技术终有一天会成功落地，到那时，元宇宙世界的大门将会向我们敞开。

第 7 章

物联网 & 大数据:
从万物互联到虚实共生

物联网，物理世界数字化的前端

在构建元宇宙世界的诸多技术中，物联网是其中的一项重要技术，它可以通过应用层、网络层、感知层的共同协作，将真实世界与虚拟世界连接在一起，为元宇宙用户创造出沉浸式的虚拟现实体验。

第一次工业革命之后，人类进入了蒸汽时代；第二次工业革命之后，人类进入了电气时代；第三次工业革命之后，计算机开始普及发展，人类开始进入互联网时代；而现阶段，随着物联网技术的发展，人类开始逐步走入物联网时代之中。可以说，每一次的技术革新都会推动世界经济的发展，同时也极大地改变人类的生活方式。

关于物联网的实践早在 1990 年就已经出现，但一直到 1999 年才正式出现关于物联网概念的表述。关于物联网的定义，不同的研究者有不同的看法。

最早物联网被认为是通过射频识别、红外线感应器、全球定位系统、激光扫描器、气体感应器等信息传感设备，按照约定的协议，把物品与互联网连接起来，进行信息交换和通信，从而实现智能化识别、定位、跟踪、监控和管理的一种网络。

中国物联网校企联盟则认为，当下几乎所有技术与计算机、互联网技术的结合，实现物体与物体之间环境以及状态信息实时共享和智能化的收集、传递、处理、执行的网络都可以被认为是物联网。

不论物联网的定义如何，在物联网之中，互联、智能是两个最为重要的特征，而这也正是互联网和人工智能所独有的优势。

从技术支撑上看，物联网中包含着传感器技术、嵌入式系统技术、智能技术等。其中，传感器技术是计算机应用中的关键技术，可以将模拟信号转换为数字信号并交由计算机进行处理；嵌入式系统技术是将多种技术融为一体的复杂技术，当前大多数小巧便携的智能终端都应用到了这一技术；智能技术是为物体植入智能系统，使物体具备智能的一项技术，依靠这一技术可以使物体能主动或被动地与用户进行沟通。

从体系架构上看，物联网自下而上可以分为感知层、网络层和应用层。其中，感知层主要负责实现物联网的全面感知能力，通过精确、全面的感知，可以实现低功耗、小型化和低成本等；网络层是物联网中标准化程度最高，也是最为成熟的部分，主要以移动通信网络为基础，对物联网应用进行优化改造；应用层主要是为物联网技术与各行业的结合提供广泛智能化的应用解决方案。

物联网的应用范围十分广泛，不仅涉及智能交通、环境保护、政府工作，同时还能够应用于智能消防、工业检测、环境监测和食品溯源等领域。

在智能交通方面，物联网技术能够解决的不仅是交通拥堵问题，还可以对整个交通系统进行重塑，提升交通管理的智能化水平和效率。比如，实时交通信息服务可以为出行者提供路况信息，为出行者规划出行时间提供便利；智能交通管理可以对整个地区的交通流量进行监测，并及时检测灾害天气及事故对道路的潜在威胁，确保人的出行安全。

当物联网真正走入生活之中时，我们身边的一切物体都像充满了"智慧"一样。冰箱能够自己控制温度，同时还会提醒我们哪些物品快到储藏期限。洗衣机会帮我们分辨衣服的颜色和材质，从而防止衣服在洗涤过程中出现混色。汽车则不仅能够载着我们出行，同时还会实时纠正我们的驾驶行为。甚至有一天，当我们躺在沙发上看电视的时候，沙发都会说上一句："亲爱的，躺着看电视对眼睛不好。"物联网将会让我们的生活变得更加有趣。

物联网不仅能够大大节约生产、生活的成本，同时还能够从整体上提高经济效益，这对促进世界经济的发展具有重要的意义。正因如此，美国、日本等国家都纷纷开始了对物联网研究的探索。为了更好地推进我国物联网的发展，最近几年，国家相关部门也出台了一系列政策和激励措施，鼓励物联网产业的发展，这也让我国的物联网发展在技术标准研究、应用示范和推进，以及产业培育方面取得了较快进步。

2021 年，元宇宙概念火热，物联网再一次成为研究者关注的焦点。若想要构建一个元宇宙世界，终端设备与互联网之间智能化的信息交互是必要基础，在物联网中，无线模组可以打通感知层和网络层，这是终端设备联网的关键环节。元宇宙世界所需的强智能、低时延环境，需要有稳定、智能、安全、高速的无线模组来支撑。

在边缘计算技术的加持下，无线模组通过收集海量数据信息，为元宇宙世界的运行提供必要的科学分析。而基于 5G 技术，无线模组还可以根据各类软硬件接口和芯片平台来进行定制，从而满足终端设备复杂的连接需求，解决元宇宙世界跨领域融合终端所面临的难题。

从当前来看，物联网模组行业虽然已经积累了一定的技术经验，但距离满足元宇宙世界的需要，还有较长一段距离。随着众多企业在这一领域的深耕，相信通信模组行业将会取得进一步提升与发展。

在当前时代，智能化的互联网将会成为互联网的新形态。而在未来，智能互联网则会更加自主地捕捉信息，更加智慧地分析信息，从而做出更加精确地判断，更好地为我们提供服务。

元宇宙需要数字技术的支撑

伴随着元宇宙概念的持续火热，大数据技术迎来了新的发展机遇。在元宇宙世界中，数据是必不可少的，相比于互联网及移动互联网，元宇宙世界中的数据将会超越"海量"的概念，想要处理如此庞大的数据，必须依靠更新换代的数字技术。

其实，从根本上来说，元宇宙就是构建于数字技术之上的一个虚拟世界。物联网、大数据、人工智能……这些新一代的科学技术，都可以算作是数字技术。

英国物理学家开尔文勋爵曾说："当你能够量化你谈论的事物，并且能用数字描述它时，你对它就确实有了深入了解。但如果你不能用数字描述，那么你的头脑根本就没有跃升到科学思考的状态。"开尔文勋爵这种用数字来量化万物的思想，在很早以前似乎只是一种想象，但随着科学技术的不断发展，这种想象开始一步步成为现实。

量化也就是用数字来描述现实事物，在数字化时代的今天，量化的概念得到了越来越多人的认同，从产业技术到商业模式，任何事物都可以被量化，而通过量化的手段，很多原本复杂的事物会变得简单，不容易理解的内容也会更容易让人接受。

随着整个社会数字化程度的不断加深，越来越多的事物都开始被量化，而在整个量化的过程中，数字技术成了让万事万物可以量化的关键，数字技术的发展让整个世界都变成了可以量化的存在。

数字技术可以说是一项与电子计算机相伴而生的科学技术。数字化是计算机发展的基础，如果没有数字化技术，也就不会有现在的计算机，计算机的一切运算和功能都是通过数字来完成的，但并不能由此认为计算机的诞生和使用是数字技术开始的标志。

数字技术的发展历史可以追溯到 17 世纪，1624 年第一台数值加法器产生，1671 年第一台乘法与除法器产生，而到了 20 世纪 30 年代贝尔实验室的 Claude Shannon 又提出了现在用于数字逻辑设计的现代交换代数……从这些事例可以看出，人类在很早之前已经开始应用数字技术来服务自己的生活了。而到了计算机诞生之时，数字技术的应用更加广泛地普及了。

现在，随着互联网普及程度的不断加深，在数字技术的推动之下，我们进入了一个数字化时代，在这个数字化时代，数字技术已经应用于我们生活的各个角落，数字技术也开始从信息领域向人类生活的各个领域全面发展，可以说，在现在社会的各个领域之中都可以看到数字化所带来的影响。

很早以前，阅读主要依靠纸质媒介，我们从报纸、杂志和书刊上面获得自己所需要的知识和信息。随着数字技术开始进入大众传播领域，以前我们所依靠的纸质资源被分解为简单的数据信息，然后在数字技术的"作用"之下，开始在计算机或者移动终端上面以新的形式出现，也就是电子报刊、电子图书的出现。

而在艺术设计方面，以往我们依靠的是低效率的手绘方式来进行绘图，不仅耗时较多，最终的效果也并不精确。而随着数字技术的进一步普及，各种各样的仿真模拟软件、美图工具、制图工具开始出现，可以看到现在的各种设计都可以通过数字技术来展现。

在电影领域，数字技术让影片的制作更加精美，影片的清晰度和真实度也大大增加；在医学领域，应用数字技术的医学仪器能够更加精确地诊断出各类疾病；在社会生活领域，越来越多的数字化电器让我们的生活变得简单、便利。

数字技术让整个社会朝着数字化的方向发展，对我们的生活产生了重要影响。在数字化时代，人与人之间的交往越来越依靠互联网作为媒介，人的学习、工作和生活都开始依靠互联网来展开。在不久的将来，家用电器也都会通过网络来进行统一的操控，可以说，生活中的许多事物都在数字技术的作用下被量化了，即我们生活中的所有东西都变成了数字化的东西。

2015 年 12 月 22 日，故宫端门数字博物馆正式开馆试运行，这是古老的皇家宫殿与数字技术的融合之作，游客只要踏入故宫端门，就能在数字成像、虚拟现实等技术的帮助下，一览故宫全貌。2017 年 6 月，秦始皇兵马俑数字博物馆正式上线，参观者可以通过计算机或者移动端设备享受到超越现场参观的视觉体验。

数字技术将景区量化为简单的数据信息，然后通过互联网以新的形式呈现出来，在让游客遍览景区全貌的同时，还能够感受到数字技术带来的游览乐趣，这种将传统旅游与数字技术相连接的形式，也正是我国所提倡的"互联网 + 旅游"的重要实现途径。通过数字化建设，让旅游景区或者博物馆焕发出新的魅力，从而更好地服务于游客，这样才能够获得更加长远的发展。

相较于元宇宙世界的虚拟现实场景，数字技术在旅游景区中的应用只能算是"小试牛刀"。元宇宙世界的数字化更为复杂，不仅要将虚拟场景与现实场景融合，还需要为用户创造出沉浸式的虚拟现实体验。想要实现这一点，单纯地将场景或实物数字化显然是不够的，还需要进一步让数字化而来的场景或实物，更好地与现实世界相融合。

　　数字技术的应用和发展让整个世界变得越来越简单，整个世界会逐渐被数字技术量化为无数的数据信息，而这些数据信息最终都将在互联网或者其他的载体上获得重组，完成重组之后所形成的数字化新事物将会让我们的生活变得更加便捷，同时也会为我们的生活创造出更多的价值。这是当前阶段数字技术对这个世界的改造，在不远的将来，数字技术还将在构建元宇宙世界过程中发挥更为重要的作用。

数字孪生加持下的元宇宙世界

数字孪生并不是元宇宙，但可以为构建元宇宙世界提供助力。二者虽然都是在虚拟世界中创造虚拟形象，在本质上却有所不同。

从定义上来看，数字孪生又被称为数字分身、数字映射，指的是在虚拟空间中模拟物理实体，即以数字化方式创建出物理实体的虚拟实体，来反映物理实体全生命周期过程的一种技术。

这相当于在物理世界和虚拟空间建立了关联，实现了物理世界与虚拟空间的实时、互联、互通。这样，研究者可以通过观察虚拟空间中虚拟实体的状态，来了解物理世界中物理实体的状态。在某些时候，研究者还可以通过对虚拟空间中虚拟实体的操控，实现对物理世界中物理实体的控制。

在数字孪生的完整定义中，"全生命周期""实时 / 准实时""双向"是几个重要的概念。"全生命周期"指的是数字孪生可以贯穿由设计到回收的产品整个周期，不仅包括怎么把产品设计出来，还包括如何去用好产品；"实时／准实时"指的是物理实体与虚拟分身之间保持较强的联系，双方可以实时或准实时互动；"双向"指的是物理实体与虚拟分身之间的数据流动是双向的，这样便可以通过虚拟分身反馈的信息，来对物理实体采取进一步的干预措施。

元宇宙是一个全新的概念，虽然很早之前已经有人提到这一概念，但到现在为止，还没有人能够给元宇宙下一个合适的定义。科幻小说《雪崩》中对元宇宙的描绘是，利用连接终端，以虚拟分身进入与真实世界平行的虚拟空间。这个虚拟空间与物理世界的联系较弱，某些时候还可以脱离物理世界自由发展，这是其与数字孪生最主要的一个区别。

数字孪生强调虚拟空间与物理世界要有较强的关联性，物理世界中的物理实体与虚拟分身可以实现良好的互动，这样研究者才能通过对虚拟空间中虚拟实体的操控，来实现对物理世界中物理实体的掌控，提高物理世界的效率与安全性。

《数字孪生技术应用白皮书2021》提到了数字孪生技术的四个典型技术特征，即虚实映射、实时同步、共生演进和闭环优化。其中，虚实映射指的是数字孪生技术要让物理世界中的物理实体与虚拟空间中的孪生体实现双向映射和状态交互；实时同步则要求孪生体要全面、精准、动态地反映物理对象的状态变化；共生演进指的是数字孪生的虚实映射和实时同步要覆盖到孪生体的全生命周期；闭环优化则是通过对孪生体的分析实现对物理实体决策优化的闭环。这四个方面正是数字孪生区别于其他仿真技术的典型特征。

数字孪生这一技术，主要用于航天航空飞行器的维护与保障。在航天领域，NASA 在阿波罗计划中，便利用数字仿真方法建造了一套地面半物理仿真系统，用以模拟航空时的故障，以训练宇航员；在航空领域，研究者先是在虚拟空间中构建出真实飞机的模型，然后通过传感器让虚拟飞机与真实飞机实现同步。这样，真实飞机每一次飞行之后，研究者能根据虚拟飞机的现行情况及时评估真实飞机是否需要维修，是否还能继续承担下次飞行任务。

除了可以用于航天航空领域，数字孪生技术还可以应用于工业化领域，比如，在建造工厂和产线前，可以利用数字孪生技术完成工厂和产线的数字化模型，从而在虚拟空间中对工厂和产线进行仿真与模拟。这样，工人便可以借助于虚拟空间传回的真实参数来建造工厂和产线。当工厂和产线正常运转时，工人还可以借助于这一技术实现信息的高效交互，从而更好地维护工厂和产线的正常运转。

与大众生活关联更为密切的智慧城市，也可以通过数字孪生来实现。当前，我们的城市到处遍布着摄像头、传感器，借助于物联网技术，水、电、气、交通等基础设施的运行状态，医疗、消防、警卫等市政资源的调配情况，都会通过摄像头等终端设备采集、提取出来，用以构建一个数字孪生的虚拟城市。

管理者可以通过采集、提取而来的数据，对虚拟城市的各项基础设施进行调整，通过多重试验来找到最为优化的城市管理方法。这种在虚拟城市中不断试错、不断调整的方式，更利于对城市的高效智能管理，可以在很大程度上节省城市管理资源。当前，我国的深圳等城市都在进行这方面的探索与尝试，相信在不久的将来，越来越多的城市都将实现智能化。

作为穿越现实世界与虚拟空间壁障的重要技术手段，数字孪生技术的重要性已经得到了世界各国的认可。自 2015年开始，世界各国分别从国家层面提出了战略转型计划，我国所提出的"智能制造"，就需要以物理工厂与虚拟工厂交互融合来实现。

可以预见，数字孪生技术的未来并不会仅仅局限在智慧城市、智能制造等方面，依托于人工智能、云计算、5G 等技术，数据、场景、空间将会与用户连接起来，虚拟空间将会与物理世界实现高效交互，元宇宙世界也将会在数字孪生技术构建的虚拟空间之中实现。当然，这个过程注定是漫长且艰难的。

从数字货币到"数字资产"

　　元宇宙世界中的数字资产与当前世界上存在的数字资产是存在明显区别的，关于元宇宙世界数字资产的确权问题，在前面的章节中，我们已经进行了详细论述。在此，主要介绍一下数字货币的诞生及发展历史，以及对元宇宙世界中的"数字资产"将会造成哪些影响。

　　2017 年 5 月 12 日，"比特币病毒"爆发，一百多个国家和地区的上万台电脑受到攻击，欧洲、拉丁美洲以及亚洲部分地区受创最重。英国的 NHS 服务受到大规模的网络攻击，最少有 40 多家医疗机构网络瘫痪，黑客把电脑中的资料上锁，被黑用户必须在 3 天之内交上价值等于 300 美元的比特币，如果超过 3 天赎金将翻倍，如果 7 天内不支付，电脑里的资料将被永久删除。

　　似乎从这一事件开始，比特币这一数字货币一下子便打出了名堂，直至今日，依然是数字货币领域的"大哥"，更有人直接将数字货币与比特币画等号。想要真正了解比特币与数字货币的关系，以及它们可能对元宇宙世界"数字资产"所造成的影响，我们还应该从它们的定义开始说起。

数字货币是货币数字化，是电子货币形式的替代货币，数字金币和密码货币都属于数字货币。数字货币不是虚拟货币，因为它可以用来购买现实世界中真实的商品和服务，而不像虚拟货币那样仅仅局限于网络游戏等虚拟空间之中。

1952 年，美国富兰克林国民银行开始发行银行信用卡，一种新型交换中介出现了，后来美国又组建了电子资金传输系统，这种以银行信用卡为代表的电子货币开始流行起来，这就是早期的数字货币。

这种电子货币让货币去了实体化，虽然我们现在使用信用卡购买商品和服务，可是卡片本身并不是货币，真正的货币是卡片里储存的数字。刚开始，电子货币对应我们银行中相应数额的纸币，随着货币发行的电子化，电子货币也慢慢与纸币脱离，成为纯粹的数字货币。

2008 年，一个化名为中本聪的人提出了他对电子货币的一种新构想，他认为，"让金融机构作为可信赖的第三方来处理电子支付，会受制于'基于信用模式'的弱点。基于密码学原理则能使任何达成一致的双方，直接进行支付，而不需要第三方的参与。"

这样，他开发出了比特币这种新型数字货币。当时美国的次贷危机爆发，引起了全球金融危机，美国政府和银行管理经济的能力遭到了各方质疑，而比特币不需要政治和金融的保障，只是依据中本聪的巧妙算法，公开总账，看起来不仅杜绝欺诈者，还靠已经决定的发行量让比特币的供应量处在可控制范围内。

2009 年 1 月 3 日，中本聪从创世区挖到 50 枚比特币，成为第一个挖到比特币的人。比特币创新的设计赢得了电子货币资深人士的赞许，它的出现标志着一种新型的、去中心化的、无固定发行方的数字货币诞生了。

当用户发布交易后需要有人将交易进行确认，写到区块链中，形成新的区块，在一个去中心化、没有信用背书的系统中，比特币把中心记账的权力分享给所有愿意记账的人。比特币的这种"去中心化"特征，让它有"反侦察"的功能，所以前文中的黑客才指明赎金必须是比特币。比特币系统不像传统银行那样，开户需要用户本人身份认证，只要拥有某个地址私钥就是该地址唯一的所有者，虽然我们可以通过交易记录查询每个账号的流水信息，可是无法知道账户的主人究竟是谁。

这是人类历史上第一次从技术上保障了"货币"的不可追踪、不可冻结，未经许可不可占有。其实，比特币也不是真的一点都追查不到，只要黑客使用了那个比特币用于消费或者交易，还是可以从末端向前倒追的，如果黑客不使用，那就真的无法查了。

随着互联网的发展，全球的支付方式发生了巨大的变化，曾经我们买房要拿一捆捆的现金，到后来只需要带一张银行卡就能解决，而现在随着移动支付的广泛应用，只要带着一部手机"扫一扫"就能轻松解决支付问题。我们已经习惯看不见现金的日子，平时支付看到的只是一个个的数字。

数字货币的发行、流通体系的建立、金融基础设施的建设，推动经济提质增效升级十分必要。相对于纸币，数字货币有明显的优势，不仅能节省发行、流通的成本，还能提高交易和投资的效率，提升经济交易的便利性和透明性，减少逃税漏税、洗钱等违法犯罪行为。如果央行发行数字货币还能保证货币交易的安全，对金融政策的连贯性和货币政策的完整性都有帮助。虽然现在对数字货币的发行方式还在研究中，但是新的时代一定会出现新的产品代替以往的产品，这是社会发展的趋势。

虽然技术因素让数字货币具有较高的安全性，可是仍然存在着较大的安全风险。2016 年 8 月 2 日，香港的比特币交易平台 Bitfinex 遭受黑客攻击，平台大约有 12 万个比特币被黑客从账户中划走，价值约 7 000 多万美元。时任中国人民银行行长周小川说："对于央行掌握的数字货币，会采取一系列的技术手段、机制设计和法律法规，来确保数字货币运行体系的安全，从一开始就与比特币的设计思想有区别。数字货币可能面临的是跨越国界，监管会成为一个非常难的问题，以往的监管原则可能都不再适用，全球协作应该是趋势。"

中国人民银行在 2014 年就成立了发行数字货币的专门研究小组，讨论央行发行法定数字货币的可行性。2015 年，中国人民银行对数字货币发行和业务运行框架、数字货币关键技术等进行了深入的研究，并且形成了报告。2016 年，中国人民银行召开数字货币研讨会，说明发行数字货币的战略目标。

2021 年 7 月 16 日，中国人民银行发布了《中国数字人民币的研发进展白皮书》（以下简称"白皮书"），阐述了数字人民币体系的研发背景及设计框架等内容，并首次对数字人民币作出了明确定义，即数字人民币是人民银行发行的数字形式的法定货币，由指定运营机构参与运营，以广义账户体系为基础，支持银行账户松耦合功能，与实物人民币等价，具有价值特征和法偿性。

从严格意义上来说，数字人民币并不同于比特币等数字货币，数字人民币只是利用新技术对现金进行数字化，为数字经济发展所提供的一种基础货币。对于这一点，中国人民大学重阳金属研究院董希淼表示："数字人民币只是形态的变化，发行规模还是由央行控制，短期纸币的购买力不会受影响，居民的财富不会凭空缩水。"

无论是数字人民币，还是像比特币一样的数字货币，其背后真正具有价值的其实是区块链等核心技术。无论元宇宙世界的数字货币采用哪种形式，都离不开区块链等核心技术。当前社会，消费的多样化、个性化、智能化、专业化，要求万物互联互通。数字货币不仅可以与现实世界中的物理实物产生关联，还可以将物理世界与虚拟空间串联起来，到那时，我们在元宇宙世界中的"数字资产"会成为我们在现实世界中的现实资产。

第 8 章

元宇宙中的新商业未来

游戏：在虚拟中体验真实

2018 年上映的科幻冒险电影《头号玩家》，为我们展现了一个游戏形态的初级元宇宙——《绿洲》。故事的时间设定在 2045 年，全球能源危机爆发，现实世界处在崩溃的边缘，詹姆斯·哈利迪的虚拟世界《绿洲》成了人类灵魂的栖息地。这个庞大的虚拟世界满足了人们学习、工作、社交、娱乐等多方面的需求，带来了巨额的商业收入。

在 2018 年，《绿洲》这样的虚拟世界还是一个遥不可及的幻想。但现在，有些游戏已经包含了《绿洲》中的部分特性，表现出极高的自由度和无限的可能性，有人将这些游戏称为"元宇宙概念游戏"。

从表面来看，元宇宙概念游戏似乎与传统多人在线角色扮演游戏有些类似，都是在虚拟世界中扮演一个新的角色。但仔细分析一下，我们会发现两种游戏的模式存在根本性的区别。传统多人在线角色扮演游戏是中心化的，所有剧情都是开发者提前设定好的,玩家只能按开发者预设的路线前进,完成一个个任务,走向某个固定的终点。在这类游戏中,玩家其实并没有自由选择的权利,沉浸感比较低。

与此相反,元宇宙概念游戏的关键就是去中心化,让玩家自由发挥,在游戏中得到沉浸式的体验。元宇宙概念游戏的开发者主要提供基础环境和必要的工具,对玩家在游戏中的行为不会进行过多的引导或限制。在玩元宇宙概念游戏时,玩家就像真的穿越到了另一个世界,游戏的走向完全取决于玩家的决策。在这样一个虚拟世界中,玩家各得其所,各展其长,所有玩家共同建设出一个与现实社会高度相似的虚拟社会。

除了之前介绍过的 *Roblox* 之外,元宇宙概念游戏还有 *Minecraft*、*Cryptovoxels*、*Decentraland*、*The Sandbox* 等。在这里,我们简单介绍一下 *Minecraft* 和 *Cryptovoxels*。

1.Minecraft

Minecraft 是 Mojang Studios 团队开发的一款沙盒式建造游戏,着重让玩家去探索并改变一个由各种像素方块动态生成的地图。在方块之外,*Minecraft* 中只预设了一些必要的怪物、动植物和各种工具、资源。基础的玩法模式有生存、创造、冒险、极限和旁观,与元宇宙概念最接近的是创造模式。

在创造模式中,玩家拥有无限的方块用于创造,同时没有生命值、饥饿值、武器/工具耐久度等限制来阻碍他们,一次性的物品也可以重复使用。创造模式还允许玩家在没有拿剑或三叉戟时瞬间破坏大多数的方块，包括像基岩和末地传送门这种正常情况下不能破坏的方块。

玩家还可以选择单人游戏或局域网多人游戏。单人游戏中，玩家可以根据自己的意愿创造或破坏各种方块，建造一个理想的虚拟世界；多人模式中，不同玩家可以在同一个虚拟世界中交流互动，他们既可以在采集资源、建筑房屋、与敌对生物战斗等领域合作，也可以进行 PVP（Player Versus Player，玩家对战玩家）的对抗。在这样一个高度自由的虚拟世界中，玩家不仅可以建造宏伟的建筑、制作精美的艺术品，还可以发掘出很多不同的玩法。

虽然 *Minecraft* 还不具备成型的经济系统，其中的模型也还需要进一步优化，但已经出现与现实世界融合的倾向。随着技术的进步，*Minecraft* 的模式或许会带来新的商机。

2020 年年初，新冠肺炎疫情严重，很多集体活动都被迫取消或转到线上，这其中也包括了不少学校的毕业典礼。宾夕法尼亚大学在 *Minecraft* 中举办了一场特殊的毕业典礼。接到校方线上举行毕业典礼的通知后，学生们自发聚集在 *Minecraft* 的多人游戏模式下，在这个虚拟世界中打造一个完整的宾大校园，用于毕业典礼、田径比赛 Penn Relays（宾州拉力赛）以及 Hey Day（嘿日）等活动。波士顿大学、加州大学博客利分校等高校的学生也纷纷效仿，陆续创建或恢

复自己学校的 *Minecraft* 服务器。

2.*Cryptovoxels*

Cryptovoxels 简称 CV，是一款由地块和类 *Minecraft* 体素构成的 3D 区块链沙盒游戏。*Cryptovoxels* 为玩家提供了一个构建在太坊区块链上的虚拟世界。游戏中的地块和街道是由城市生成器随机生成的，每个地块至少有 两 条街道相邻，玩家可以从一个地块走到另一个地块。

玩家可以在这个虚拟世界购买土地，土地的所有权会永久记录在区块链上。购得土地后，玩家就可以在这些加密的像素街区上进行房地产开发，设计、建造、出售房产。与现实世界类似，这个虚拟世界中土地的数量也是有上限的，原始城市中共有 3 026 块土地。这些卖完后，玩家再想要获得土地就只能从其他拥有土地的玩家手中购买。*Cryptovoxels* 中的土地和建筑都是 NFT，理论上都可以通过 Opensea 平台进行交易。

一开始，*Cryptovoxels* 中的土地卖得很慢，价格也很便宜，新发布的土地经常卖不出去。随着玩家数量的增加，土地逐渐变得供不应求，新的土地进入市场后很快就会卖光。根据参与程度的不同，*Cryptovoxels* 的玩家大致可分为两类：浅度参与其中的游客和深度参与其中的开发商。

浅度参与其中的游客是没有土地产权的，他们不能直接参与建造，但可以在这个虚拟世界尽情地游览，与其他玩家交流，评论、观赏或购买其他玩家的建筑及艺术作品，享受3D 社交。

深度参与其中的开发商拥有自己的土地产权 NFT，他们可在自己的领土内自由建造任何建筑。根据建筑功能的不同，开发商也划分出了不同的社区，如 HQ（总部）、Tower（高塔）、Garden（花园）、House（私宅）、Gallery（画廊）、Museum（展馆）、Shop（商业街）、Club（俱乐部）等。

目前，开发商建造较多的建筑主要有两种：游乐场所和消费市场。游乐场所包括酒吧、歌厅、公园、电影院等，消费市场包括服装店、饰品店等。还有一些收藏家、艺术家热衷于在 Cryptovoxels 中开设艺术馆、博物馆，并在这个虚拟世界举办各种艺术展览。

大多数收藏家或艺术家都希望自己的藏品或作品能够得到最好的展示机会。跟现实世界中一样，他们需要抢占一个好的地段来建造展馆，以展示自己的 NFT 藏品或作品，供其他玩家观赏或购买。如今，有越来越多的收藏家和艺术家进入 Cryptovoxels 举办展览，Cryptovoxels 核心城区及周边区域的土地价格也一路飙升。大量的藏品或作品也吸引来了越来越多的买家，不断冲击着这个虚拟世界的经济体系。

内容：IP 创作的 "黄金时代"

对游戏创作者来说，元宇宙世界的实现将会为他们带来无穷机遇，这一点从当前资本对元宇宙概念游戏的追捧可见一斑。

相比其他内容领域，最容易实现、也最接近元宇宙的就是游戏领域，无论是基于内容，还是基于技术，元宇宙游戏都大有可为。但必须要说明的是，当前涌现出的那些元宇宙概念游戏，还不能算是真正的元宇宙游戏，不仅技术不成熟，内容也是乏善可陈。

真正的元宇宙游戏，不仅要有成熟的技术做支撑，还要在内容上有新意，让用户可以享受更高的沉浸式体验。更为主要的是，在元宇宙世界中，游戏内容的设计将会由用户自己主导，想要创设怎样的场景、体验怎样的故事，都可以由用户自己来决定。

从这一点来说，内容创作的重要性便凸显了出来。如果用户只知道自己想要体验什么样的故事，却不知道如何架构游戏内容，那就要有人专门为用户在元宇宙世界创设游戏内容，这有点像当前的"剧本杀"创作，只不过元宇宙世界的"剧本杀"要比当前的"剧本杀"更具有代入感，更能给参与者带来沉浸式体验。

为了给参与者带来更好的沉浸式体验，内容创作者必须努力去适应内容创作在元宇宙世界中的变化，无论是形式上的，还是载体上的，只有适应了这些变化，才能创作出更好的游戏内容。

在形式上，元宇宙世界的游戏内容不再是 2D 或 3D 的纸面游戏，而是立体化的数字视觉内容。当前火热的网络游戏有的主打竞技性玩法，有的推崇策略性运营，但很少是能真正将参与者带入其中、主打沉浸式体验的游戏，即使有些 AR/VR 游戏能够营造出逼真的视觉效果，也很难真正让参与者沉浸其中。

元宇宙游戏的内容形式会在 AR/VR 游戏基础上，再提升一个档次，其场景的逼真程度将会达到与现实世界相差无几的程度。因为是在虚拟世界之中，创作者又可以发挥天马行空的想象力，设计出一些突破现实世界限制的游戏内容。

在载体上，元宇宙世界的内容交互需要依靠更为智能的设备来实现，即新一代 AR/VR 设备，甚至是更为先进的脑机接口设备。载体的变化也会影响到游戏内容的变化，此时的游戏内容创作者所面对的就不是去创造一个竞技类或策略类的游戏，而是在元宇宙世界中创造一个独具特色的游戏世界，或者说，可以将整个元宇宙构建成一个游戏世界。

其实，这种形式和载体的变化，不只局限在游戏内容创作上，当前现实世界中大多数内容创作在元宇宙世界中都会经历这些变化。这也意味着，在元宇宙世界中，任何行业的内容创作者都将遇到这些现实的问题与挑战，当然，从另一种角度来说，这也是所有内容创作者都需要的一个重要机遇。

当技术条件发展成熟后，元宇宙世界能否繁荣，主要依赖于内容创作者的活跃程度，内容创作者越活跃，越有热情去从事内容生产和创作，就越能为元宇宙这个虚拟世界增添趣味，当然，也能为自己的付出赚到匹配的收入。据统计，在 2021 年，Roblox 平台上的内容创作者通过自己创作的内容赚到了 5 亿多美元，如果扩展到更多行业领域，这一数据将会更加亮眼。

前文提到，元宇宙世界内容创作形式会与现实世界有较大的区别，这种形式除了从平面到立体的变化外，还有许多与元宇宙这个虚拟世界相关的变化。在元宇宙世界，内容创作者可以自己创作虚拟的 3D 地图、3D 景点和 3D 建筑，除了可以 1 : 1 还原现实世界中存在的实物景观，创作者还可以根据自己的想法来创设独具特色的新式景观。

比如，创作者可以根据当前人类所掌握的月球数据信息，在元宇宙世界中创造出虚拟的月球，让其他用户前来参观体验。这样，即使那些不能去外太空旅行的人，也能欣赏到外太空的美丽景色。

　　除了创作虚拟物品、虚拟景观，创作者还可以创作虚拟形象。每个人在元宇宙世界需要有自己的形象，这些形象不会完全由用户自己创造，此时掌握这项技能的内容创作者迎来了机会，当前各种网络游戏中虚拟角色的捏脸师，无疑将成为元宇宙世界中第一批虚拟形象设计达人。

　　在元宇宙世界中，IP 创作者将会比其他内容创作者拥有更多的成功可能性。依托于独特的资产确权模式，元宇宙世界将会确保每一位 IP 创作者的知识产权不受侵害，他们不必再为自己的 IP 被盗用而打官司，只需要一心投入 IP 内容的开发中，不断创作出具有吸引力、适合于元宇宙世界的 IP 内容。

　　当前，已经有一些 IP 内容拥有者在着手注册与元宇宙相关的品牌商标，比如，某影视文化传媒公司申请了"盗笔元宇宙""南派元宇宙"等多项商品商标，这似乎预示着未来它们将会在元宇宙世界中推出属于自己的 IP 内容。当然，这些品牌商品到了元宇宙世界中是否还有价值，需要交给时间去检验。

　　元宇宙世界的构建需要各类技术作为基础，而其发展与繁荣则需要多种多样的 IP 内容为支撑。在元宇宙时代，IP 内容创作者将迎来新的机遇与挑战，抓住机遇、克服挑战，在元宇宙世界中开辟出新的 IP 内容，将是未来内容创作者的最终目标。

社交：共享时空，超越宇宙

　　2021 年年初，社交软件 Soul App 首次提出构建"社交元宇宙"的理念。之后，腾讯、字节跳动、Facebook 等社交平台巨头也纷纷开始尝试入局元宇宙。2021 年 10 月 28 日，Facebook 宣布改名 Meta，更是引发了元宇宙概念的火爆。让人们"共享时空"的元宇宙，或许会在社交领域中引发一场巨大的变革。

　　目前，人们普遍认为，"社交元宇宙"是一个与现实世界平行的虚拟社交世界，包含虚拟身份、社交资产、经济体系、低延迟、沉浸感、包容性等要素。"社交元宇宙"中搭建了各种社交场景，用户可以通过一个自定义的虚拟身份进入其中。在大数据的帮助下，用户可以匹配到更多志趣相投的人，得到更加愉悦的社交体验。

　　号称"社交元宇宙"的 Soul App，也确实具备其中的一些要素。开发团队基于兴趣图谱和游戏化玩法设计了这个社交平台，他们把 Soul App 定义为"新一代年轻人的虚拟社交网络"。与传统社交软件基于社会关系的熟人社交不同，Soul App 主打的是基于兴趣爱好的陌生人社交，目标群体是"Z 世代"的年轻人。

为了实现"让天下没有孤独的人"这一愿景，Soul 的开发团队下了很多工夫。用户进入这个虚拟世界后，可以自定义创建虚拟身份和兴趣图谱。在"瞬间广场"功能中，用户可以发表文字、图片、语音、视频，Soul 会利用算法为用户推荐可能感兴趣的瞬间。在"灵魂互动"和"语音互动"功能中，Soul 也会充分利用大数据帮助用户匹配兴趣重合度较高的社交对象，进行视频或语音交流。依赖于互联网的隐蔽性，用户可以放下经济条件、家庭背景、社会关系等顾虑，更轻松自然地交流，在这个过程中获得精神共鸣和认同感。

2019 年 9 月，Soul 推出脸基尼互动功能，让用户初次视频通话时可以用 avatar（化身）头套遮挡面部。avatar 头套采用了 AR 技术，可以精准识别并模拟用户的表情，双方在聊天的过程中，虚拟头套会紧跟头部移动。如果用户手机晃动过快或没有对准脸部，视频界面会瞬间虚化，避免露出真人。这个功能在一定程度上缓解了年轻人的容貌焦虑，可以让双方在交流过程中更关注"有趣的灵魂"，提升建立新社交关系的概率。从 Soul 的玩法中，可以看到一点未来元宇宙中社交形态的影子。

为了打造年轻人理想中的"社交元宇宙"，Soul 的开发团队正在不断完善这个社交平台，力求为用户提供一个包罗万象的虚拟世界。截至目前，Soul App 中已经包含了群聊派对、宠物星球、Soul 狼人、校园吧等丰富的社交场景。在群聊派对中，多个用户可以聚集在一起，像现实派对一样自由地聊天、唱歌；在宠物星球中，用户可以云养宠，给萌宠喂食，与萌宠亲密互动；Soul 狼人将策略型桌游搬进了虚拟世界，用户可以通过游戏互相熟悉，拉近距离；校园吧是一个融合现实世界和虚拟世界的空间，只有通过校园认证的用户才可以进入。虽然这些社交场景距离真正意义上的社交元宇宙还有很长的距离，但确实给用户带来了不一样的社交体验，受到很多年轻人的欢迎。

凭借新颖的玩法和游戏化的场景设计，Soul 为用户带来了沉浸式的社交体验，并逐渐在用户中发展出了较稳定的社交关系网络。以 UGC 为主的内容产出模式，让这个虚拟世界的社交环境变得真实、有趣、温暖且多元化。开发团队在"社交元宇宙"方向上的不断探索，也为 Soul 向"元宇宙"演变提供了更多可能。

相比之下，Meta 公司"元宇宙化"的进度似乎更快一些。2021 年 12 月，公司正式推出了一个全新的 VR 社交平台 Horizon Worlds，并向美国和加拿大 18 岁以上的用户免费开放。其实，早在 2020 年 8 月，这个开发团队发布了测试版

（Invite-Only Beta），只是当时只向少数有邀请函的 Oculus VR 用户开放。Meta 公司表示："我们希望通过一流的社交世界构建工具，为创作者带来一个友好的虚拟现实空间。在过去的一年里，我们一直在开发相关的工具，并根据创作者的反馈来进行改进。"

借助 Oculus VR 头盔进入 Horizon Worlds 之后，用户可以自定义创建一个没有双腿的虚拟形象，与其他用户自由互动，并根据自己的偏好去建设或探索这个虚拟世界。在注重自由度的同时，开发团队也考虑到了安全和隐私问题。如果遇到恶意骚扰，用户可以随时通过腕部菜单访问个人安全区 Safe Zone，选择屏蔽、静音或举报骚扰行为。

目前，Horizon Worlds 的玩法主要有四种，分别为创作、探索、Arena Clash、World Hop。这个虚拟世界还处于构建阶段，Meta 最鼓励的玩法显然是创作。Horizon Worlds 提供了丰富的模板和直观的构建工具，让喜欢创作的用户可以更加轻松地设计、建造自己理想中的虚拟世界。

探索是普通游客的主要玩法之一。这些用户把 Horizon Worlds 当成一个线上游乐园，他们的主要活动就是到其他用户创作的虚拟世界中观光游览，并在这个过程中与创作者或其他游客进行友好交流。当然，用户扮演的角色并不固定，创作者也会作为游客到其他虚拟世界观赏交流。在创作者的努力下，这个虚拟世界正在不断扩张，供游客探索的空间几乎无穷无尽。

Arena Clash 是开发团队在这个虚拟世界中推出的一个 3 V 3 激光对抗游戏。探索地图、寻找武器、双方交战等过程,需要用户之间及时地沟通和默契地配合。

World Hop 是一组随机的小游戏,允许两到四名用户一起游玩。系列赛结束时,用户可以到奖杯室查看自己的最终得分和排名。在 VR、人工智能等技术的加持下,这些玩法变得更具趣味性和沉浸感,吸引了大批量玩家。

如果 Soul 和 Horizon Worlds 在未来能建立起完善的经济体系,让用户在社交、娱乐之外,还能进行工作、交易等更具社会意义的活动,或许会为社交平台中的商业活动注入新的活力。

教育：继承传统，迎接变革

借助于互联网巨量的资源、良好的交互性和便捷的使用方式，近年来网络教育逐渐兴盛，占据了一部分成人教育市场。新冠肺炎疫情期间，传统课堂失去了聚集学生的基础条件，网络教育曾一度取代传统课堂，成为很多学校普遍采用的教育形式。

仅就目前来说，网络教育已经提供了更多的学习机会，扩大了整体的教学规模，提高了教学质量，降低了教学成本。与严重受限于时间、空间的传统课堂教育相比，基于互联网的网络教育具有许多得天独厚的优势。

第一，网络教育可以突破时间、空间的限制。对很多网络教育的学习者来说，只要设备和网络允许，他们可以在任何时间、任何地点进行学习。

第二，网络教育不再以教育者为中心，而是以学习者为中心。学习者可以更自由地选择学习项目，控制学习进度，

为个人兴趣的发展提供了充足的空间，有利于培养多样化的
人才。

第三，网络教育的效率更高，更易于管理。借助于计算
机巨大的存储空间和强大的信息处理能力，大部分教学活动
和管理工作都变得更加便捷，成本大幅降低。网络数据库可
以自动记录每个学习者的姓名、学号、学习科目、学习时间、
学习成绩等信息，教育者可以更方便地了解学习者情况、布
置学习任务，学习者也可以更方便地选课、听课、提问、讨
论、提交作业等。

第四，网络教育的资源利用率更高。网络教育机构可以
在网上共享课程资源，学习者不仅可以学到不同机构的课程，
还可以更好地利用互联网资源，拓宽自己的知识面。传统课
堂中，教育者的一次讲解通常只能覆盖到几十名学习者，而
且学习者水平参差不齐，其中有一些学习者其实已经懂了，
不需要教育者再讲解，也有一些理解能力比较弱，需要多次
重复讲解。这种模式导致了教育资源的严重浪费。在网络教
育中，教育者一次讲解可以覆盖到更多学习者。已经掌握的
学习者可以直接跳过，理解能力比较弱的学习者可以重复观
看教学视频，还可以暂停、慢放，更充分地利用教学资源。

第五，网络教育的资源更新更快。如今科技发展日新月
异，但以纸质书为主要载体的传统课堂教育很难及时更新教
学内容，一本教科书沿用数年的情况屡见不鲜。对很多学习

者来说，学以致用是根本目的，一直学习过时的内容，会让他们的学习积极性大大降低。网络教育的内容可以随时更新，反映出最新的科研成果，有利于保持学习者学习的积极性。

但网络教育也存在一些缺陷。相比传统课堂教育，网络教育中的教育者无法直接有效地监督学习者，对学习者自学、自制能力的要求更高。相对单一、间接的交互方式，也容易导致道德教育不足、集体观念淡薄等问题。

在元宇宙中，这些问题似乎可以迎刃而解。教育者既可以跨越时空的限制，使用更新更快、内容更全面的教学资源，又可以言传身教，对学习者进行更有效的监督。学习者与教育者及其他学习者的交互将更加丰富、自然，在学习知识的同时学会与人相处，培养道德观念和集体观念。此外，让枯燥抽象的学习过程变得更加生动形象，让获取知识的过程变得更加愉快，提高学习者的积极性。

扎克伯格在 Facebook Connect 2021 大会上播放的一段影片，展示了元宇宙在教育领域的巨大潜力。借助 VR/AR 眼镜和耳机，我们可以在元宇宙中获取学习所需的原理图，甚至可以像使用 3D 积木搭建手册一样，更加轻松地学习汽车组装、维修等知识。

如果你是一名医学院的学生或外科医生，可以借助 Osso VR 等平台，在元宇宙中学习、练习外科手术的新技术，熟练后再应用于临床，这将大幅缩短培养外科医生、普及新技术所需要的时间，有效提升医疗水平，降低手术风险。

"世界自然纪录片之父" David Attenborough 的 VR 纪录片已经在 Oculus TV 播出。如果你正在学习地球科学，你可以在元宇宙中游过大堡礁，与 David Attenborough 导师一起，近距离观察地球上最强大的昆虫。

在元宇宙中，我们可以让想要了解的各种事物超越空间的限制，来到我们身边。如果我们要学习天体物理学，进入元宇宙，可以将人类探索到的宇宙全部投射在身前。我们用手势就可以将宇宙放大、缩小、旋转，从多个角度观测天体的运行方式，轻松查阅相关的最新科研成果。

比如，一个小姑娘要写一篇关于土星的论文，她的奶奶可以带她进入元宇宙中，把太阳系拉到面前。奶奶找到土星并放大，二人面前就出现了土星的相关知识：小行星、引力、大气层、土星环、卫星。奶奶点击进入土星环，面前就出现了一个小的土星模型，小姑娘转动这个小模型，前方巨大的土星投影会同步转动，也可以直接拨动土星投影。通过奶奶的引导和各个角度的观测，小姑娘发现土星环的构成，最终确定了论文内容。

在元宇宙中，还可以超越时间的限制。如果我们要学习某个时间段的历史，可以随时穿越到那个时间，穿行于各种古建筑中，观察当时人们的生活情况，切身感受当时的风俗文化。

比如，一个历史系学生要学习古罗马的历史，他可以在元宇宙中穿越到古罗马时期。他可以在古罗马城市的街道上闲逛，观察周围的建筑和来往的行人，聆听市场上的各种声音，感受 2 000 多年前的生活节奏。在这里，他不仅能看到古罗马最宏伟的广场，还可以滑动进度条，亲眼见证这个广场的修建过程。

随着教育界不断地探索，元宇宙将会为教学活动提供更多虚实结合的新场景，提升学习过程的互动性、沉浸感与成就感，大幅提高教学的效率。与此同时，元宇宙平台下学习方式的巨大变革，将为教育行业带来了更多创新发展的空间。

医疗：更精准地诊断和治疗

在美国科幻电视剧《黑镜4》第六集《黑色博物馆》中，馆长罗洛介绍了很多奇特的展品，其中有一件是彼得·道森医生使用过的情绪诊疗器。病人戴上情绪诊疗器之后，道森可以通过自己小脑中植入的接收器，切实感受患者的病痛，精准地诊断和治疗疾病。借助这个仪器，道森治好了很多疑难杂症，一时被誉为"神医"。

看到这段剧情，医生可能深有感触。现实生活中，即使是表达能力正常的患者，也有很多无法描述清楚自己的病症，更不用说处于昏迷状态或患有精神疾病等没有表达能力的患者了。病人表达不清或无法表达的时候，医生只能凭借经验、病历和医学仪器检测结果等间接地了解病情，难免出现误诊，耽误病人的治疗。

目前，让医生与患者"感同身受"还很难实现。不过元宇宙相关的大数据、人工智能、VR、AR、5G等技术在医疗领域的应用，已经为医生提供了很大的帮助。元宇宙时代来临之时，医生的诊断和治疗也将变得更加精准。

大数据在医疗领域已经有了比较成熟的应用，为患者、医生和政府都带来了方便。对患者来说，到正规医院看病时，姓名、年龄、住址、电话、病历、医保等就会保存到医院的数据库中，为之后的就医提供方便。对医生来说，数据库中的各种医学实验结果、海量的临床数据，都可以为诊断病情、确定治疗方案提供支持。对政府来说，大数据可以让行政管理人员更快地了解医疗领域存在的问题，更及时地制定出有效的解决方案。从执行多年的城镇职工基本医疗保险制度、新型农村合作医疗制度、城镇居民基本医疗保险到新冠肺炎疫情期间的健康码、行程码，都体现了大数据的重要性。

利用人工智能技术，科学家开发出了很多医学专家系统来辅助诊疗，比如，诊治肺功能失调的 PUFF、治疗青光眼的 CASNET、诊治内科疾病的 INTERNIST 等。这些智能系统可以抓取病历中的临床变量，并参考先前病例和相关文献，对患者的病情进行详细分析，自动生成针对该病情的诊治建议，供临床参考。

人工智能技术在医学影像识别、药物研发等领域的应用也取得了不错的成果。比如，2018 年，Facebook 人工智能实验室就曾与纽约大学医学院合作，利用人工智能技术，将核磁共振成像（MRI）的检查速度提高了近十倍。2019 年，制药巨头默克发起"逆合成反应预测大赛",参赛团队利用人工智能技术,让计算机代替化学家进行大量的化学方程式运算,尝试更多的药物合成路径,大大提高了制药效率。

此外,人工智能也广泛应用于健康管理。人们可以通过手环、手表等穿戴设备,监测睡眠、运动、心率、血压、血氧等数据,再利用人工智能技术分析这些数据,生成个性化的健康管理方案。

VR 和 AR 技术在医疗中的应用主要体现在静脉显像、临床手术、康复训练、心理治疗等领域。在抽血化验或静脉注射过程中,有时护士会因为找不准静脉而重复穿刺,给患者带来不必要的痛苦。AccuVein 公司基于 AR 技术研发的静脉显像仪,可以让护士清晰地看到患者身体中静脉的位置,大大提高了穿刺精准度,减少了患者的痛苦。

在外科手术过程中,细致的操作往往要持续几个小时,甚至十几个小时,不仅医生疲惫不堪,患者也要承担更大的风险。VR 技术可以将微小的组织放大,帮助医生规划、练习手术,提高手术的效率和成功率。2021 年 9 月,以色列贝尔谢巴的索罗卡大学医学中心为一对头部连在一起的一岁双胞胎进行了分离手术。手术前,科研人员通过基于 MRI 和 CT 影像构建了一个 3D 模型,用来模拟这对双胞胎复杂的血管、脑膜、颅骨和皮肤。借助 VR 医疗可视化平台 Surgical Theater,医生得以近距离查看肉眼难以分辨的细小静脉及双胞胎静脉的连接处，对手术过程进行合理规划并反复练习，最终成功完成这项难度极高的手术。

AR 技术可以"增强"医生的视力，帮助医生更好地了解患者情况。微软研发的 HoloLens 2 搭配飞利浦的图像引导治疗平台 Azurion，不仅能让医生看到患者实时的生理数据和 3D 医学影像，还可以对手术操作提供指引，有效提高医生操作的精准度，降低手术风险。

在康复过程中，神经肌肉损伤的患者通常需要在丰富、具象的动态环境中进行互动训练，较为流行的 PC 端游戏不足以满足这个要求。基于 VR 技术制作的游戏可以给患者更多的反馈，有效提升患者的训练积极性，更好地维持患者的身体机能，提高患者的认知功能。

对恐高症、自闭症、创伤后应激性障碍等心理疾病，医学上通常采用暴露疗法，即通过长时间暴露在导致症状出现的刺激下，让患者逐渐适应这种刺激，改变患者对刺激的感知和认识，建立新的行为模式。但实景暴露具有一定危险性，想象暴露又受限于患者的想象能力。基于 VR 技术的虚拟现实暴露疗法，既安全，又不依赖患者的想象，治疗效果大幅提升。

新冠肺炎疫情期间，为降低医务人员感染的风险，临床医疗开始向远程医疗、智慧医疗转变。稳定且低延迟的 5G 网络是远程医疗、智慧医疗的基础条件，而基于 VR、AR

技术开发的 VR 远程监控系统、AR 远程会诊系统、AR 远程
查房系统等，在新冠肺炎疫情防控过程中也起到了很大的
作用。

　　到了元宇宙时代，这些技术在医疗中的应用将更加深入。
我们在科幻片中看到的虚拟医生、远程问诊、远程监控病情、
数据驱动医疗、机器人做手术、术后机器人护理等场景，都
有可能变为现实。这不仅能提高诊疗效率，解放医护人员，
也能大大降低患者的医疗成本，更能缓解紧张的医患关系。

电商：零售业态的革命性变化

随着互联网和物流行业的高速发展，人们的交易形式从单一的线下面对面交易，逐渐转变为线下＋线上交易。淘宝、京东、苏宁、拼多多等电商平台的相继崛起，为买卖双方提供了极大的便利，促成了很多原本不可能的零售交易。人们可以很方便地买到千里之外的特产，甚至还可以海外代购。

如今，电商平台逐渐规范，人们不需要担心线上交易的安全性。但在这样的环境下，还是有很多顾客和商家偏向于线下交易。究其原因，目前线上交易的形式仍比较抽象，交易过程中双方能获取的关键信息量远低于线下交易。虽然线上交易相对来说更加便捷，但由关键信息确定引发的一些问题，对买卖双方的交易体验产生了很多负面影响。

对买家来说，网购买家收到货后，才发现商品不合适、对商品不满意或商品有质量问题，退换货又需要跟卖家交涉，再把商品寄回去，等卖家检测处理。一来二去，就耽误了很多时间。线下交易过程中，买家可以自己挑选商品，服饰类还可以现场试穿、试戴，一定程度上避免了这些问题。

对卖家来说，线上交易过程中，很难真正了解买家的需求，进而不容易为买家推荐合适的商品。这导致了很多不必要的售后服务，不仅增加了店铺的运营成本，还影响了店铺的声誉。而线下交易时，卖家可以更直观地了解买家的真实需求，为买家推荐合适的商品，避免不必要的售后。

进入元宇宙时代，电商将迎来革命性的变化。覆盖全世界的元宇宙带来的巨大交易空间，会吸引各大电商平台入驻。在元宇宙电商平台中，线上交易完全可以模拟线下交易的过程。卖家不仅可以更好地了解买家的需求，还可以便捷地为自己的所有商品制作一比一的模型，为买家提供更直观的产品信息，降低售后成本。买家可以在线上试穿、试用，甚至试吃各类食品，更轻松地选购适合自己的商品，购物体验得到大幅提升。

自 2020 年以来，新冠肺炎疫情的蔓延对线下市场造成了巨大的冲击，绝大多数消费者自觉进行居家隔离，很多线下交易活动不得已转到线上。受限于线上交易平台，卖家能提供的信息十分有限，但买家了解产品信息的需求却未降低。产品信息供需关系的不对等，催生了很多新的商业运作模式。目前，最成功的运作模式，毫无疑问是直播带货。

从本质上来说，直播带货就是由主播替买家现场体验产品，便于买家更直观地获取产品信息。不过，带货主播绝大部分是卖家雇佣的，存在"吃人嘴软"的嫌疑。此外，人与人的品位存在较大差异，即使主播所说的全部是真实体验，也很难代表所有买家。可以说，直播带货只是权宜之计，并不能彻底解决线上交易过程中双方获取信息不足的问题。

2020 年年初，很多主营线下市场的购物中心逐渐转到线上，并在直播带货的基础上推出了一个新的购物形式——"云逛街"。3 月 6 日，由成都市商务局主办，成都零售商协会携手腾讯四川、今日头条共同支持的"成都云逛街·一起欢乐购"活动正式开始。

依托腾讯四川，主办方将成都 IFS、远洋太古里、伊藤洋华堂、成都万象城、富森美家居、红旗连锁、仁和新城、仁和春天光华店、苏宁易购、伊势丹百货、成都银泰中心 in99、成都悠方、成都王府井百货、仁恒置地、家乐福、WOWO 便利、步步高超市、7–11、永辉超市、方所、SM 百货、成都优品道广场、环球 MALL、群光广场、鹭洲里购物中心、万达广场、盒马鲜生等 84 家成都知名商家线上购物平台做了优化整合，最终形成了一个大型的线上集合购物平台。借助该平台，商场可以更好地举行各类促销活动，消费者可以更直观地了解商品的质量和价格，更便捷地到各商场的线上购物入口下单。

与此同时，主办方还联合了抖音平台，为各大购物中心直播推流。各大购物中心也纷纷开通抖音小店，拓展新的销售渠道。3 月 8 日，成都王府井百货首先开启了科颜氏专场抖音直播，消费者跟随主播的镜头一起"走进"百货商场，面对面地了解各种服饰、美食、日用品以及相关优惠活动。在观看直播过程中，消费者如果有想购买的商品，可以打开王府井百货的抖音小店一键下单。随后，凯德金牛、万达广场、城南优品道广场、茂业仁和春天光华店等购物中心也相继开启直播。

电商平台的直播带货，往往是主播单独介绍某个商品，很难让人产生身临其境的感觉。而在这种"云逛街"的模式下，主播的视角更贴近消费者，让消费者能更加直观地了解商品，极大地促进了偏好线下交易群体的线上消费活动。

2021 年 4 月，天猫上线了一座 3D 版天猫家装城，为家具商家和消费者提供了更完善的"云逛门店"功能。借助于阿里巴巴公司提供的 3D 设计工具，家具商家只需上传多张商品实物图片，就能自动生成高清商品模型，搭建 3D 样板间，在实际应用场景下向消费者展示自己的商品。消费者可以完全脱离主播的引导，通过自己的视角"云逛街"，获得类似线下商场的购物体验。此外，消费者还可以自己动手设计布局、搭配家具，全方位地查看商品细节和搭配效果，得到更符合现实、更具个性化的预览图片。

截至 2021 年 8 月，3D 版天猫家装城中已经有顾家、吱音、熙和、林氏木业等超过 3 000 家品牌方参与，共设计了 20 余万套 3D 样板间，其中包含 7 万多件商品模型。仅林氏木业家具旗舰店一家，就发布了数千套 3D 样板间，包含 1 000 多个 3D 商品模型。

进入元宇宙时代，这种 3D 购物空间或许可以覆盖视觉、听觉、触觉、嗅觉、味觉，为消费者提供与线下交易一致的购物体验。到那时，"云逛街"模式很可能取代直播带货，成为新的商业风潮。

第 9 章

元宇宙时代的新生活

数字身份与真实身份

除了真实身份外，元宇宙时代的每个人还会有一个数字身份。接下来，我们将通过一个普通人的视角，了解一下元宇宙时代的数字身份。

张宇，或者说"光明骑士——2187"，是元宇宙时代中一名建筑设计专业的大学生。张宇是父亲张睿给他起的名字，这个名字也是他在现实世界中的真实身份证明，而"光明骑士——2187"就是他在元宇宙中的数字身份 ID。

大学期间，因为学校宿舍条件不太好，张宇一直在学校附近租房居住。张宇读大一的时候，世界刚刚迈入元宇宙时代。之前在互联网上看到元宇宙的广告和一些内测体验片段时，张宇就对这个神奇的虚拟世界产生了浓厚的兴趣。得知元宇宙正式开放的消息后，张宇拿出自己积攒很久的钱购买了一套入门级的元宇宙舱。这套元宇宙舱的外观就像底座上架着一颗胶囊，胶囊和底座中都内置有电磁铁，通电后可以使胶囊悬浮在底座上方，模拟一些简单的运动环境；内部是一个舒适的座位，座位前有数据接口可以连接手机，还附带了头显、耳机、触觉手套等配件。

张宇简单看了一下使用说明，准备好了注册需要的信息。随后，他穿戴好设备，闭上眼睛，迫不及待地启动了元宇宙舱。一阵轻微的眩晕后，张宇睁开眼睛，发现自己正坐在一间巨大的办公室内，对面还坐着一位女士。

张宇正在四处张望，就听到一个甜美的声音说："您好，欢迎来到元宇宙，我是您的人工智能助理元妗。如果您已经有数字身份，请输入您的 ID 及密码并登录。如果您还没有数字身份，请填写您的 ID、预设密码、联系电话和短信验证码，我来帮您注册。"说话的同时，元妗的手向桌面上一指，张宇面前就出现了一个登录 & 注册界面。

张宇伸出手，尝试触碰了一下输入框，面前立刻弹出了一个悬浮的虚拟键盘。"这和电脑差不多嘛"，张宇心里想着，熟练地填写信息，元妗面带微笑，看着张宇的操作。

"光明骑士""zy20521115""19987654321""743610"，张宇把信息一一填好后，却发现没有确认注册的选项。张宇抬起头，就听元妗说："抱歉，数字身份 ID'光明骑士'已被注册。您可使用'光明骑士——2187'作为您的数字身份ID 或输入其他 ID 尝试。""光明骑士"是张宇最喜欢的游戏角色，他没有犹豫，直接说："就用'光明骑士——2187'吧"。

　　"好的，您已成功注册数字身份。请选择或创建您的虚拟形象。"元姈说完后站起身，手轻轻一挥，"光明骑士——2187"眼前的画面变成了一个小型展厅。展厅正中是一个虚拟形象展示台，前方是一个展柜，里面有几十个默认的虚拟人形象，男女老少都有，肤色、服饰各不相同。两侧有其他人的形象构件和常见的一些衣物、饰品，可以自由搭配。张宇问："没有其他种族的虚拟形象吗?"元姈说："更多虚拟形象和服饰将在 10 级后解锁，目前您是 1 级，所以只能选择或创建人的形象。您后续可以随时回到这里，修改您的 ID 或虚拟形象。"

　　默认的虚拟形象不少，但"光明骑士——2187"都不太喜欢，他决定按自己的体型重新创建一个。十几分钟后，"光明骑士——2187"创建了一个男青年形象，上身穿着 T 恤，下身穿着牛仔裤，脸上还戴着一副半框墨镜。他坐在展示台前，控制着自己捏的虚拟形象转动了几圈，觉得差不多了，于是转头对旁边的元姈说："就这个吧。"元姈微笑着说："好的，您已成功创建虚拟形象。现在，请尽情享受您的元宇宙生活吧。"

　　眼前画面一闪，"光明骑士——2187"发现自己站在一个巨大的传送台上，周围有几百个人，还有几个人在天上飞。他看看自己身上的 T 恤和牛仔裤，又看看周围的人，觉得非常新奇。跟着众人走下传送台后，"光明骑士——2187"

环顾四周，发现自己是在一个繁华的城市中，传送台后就是一座高大的建筑物，上方好像还悬浮着几个大字。"光明骑士——2187"意念一动，身体缓缓向上飞了十几米，才看清那几个字是"数字身份大厦"，看来自己刚刚就是从这里出来的。

"光明骑士——2187"漫无目的地向前走着，发现这条街上有很多服装店、饰品店，街头还有一家游乐园，时不时有人出入。"光明骑士——2187"走进游乐园，最前面的项目是旋转木马，后面还有过山车、摩天轮等，很多人在这里游玩。"光明骑士——2187"对这些没有太大兴趣，便继续往里走。一直走到游乐园的东南角，他看到一间规模不大的酒馆，上面悬浮着四个字"乐光酒馆"。

张宇看着眼熟，仔细回忆了一下，自己租的房子附近就有一家"乐光酒馆"，他曾经路过几次，但一直没去品过酒。元宇宙中的这家酒馆的装潢与那家并无差别。"光明骑士——2187"打算进去转转，走到门口后无法继续前进，似乎有一道无形的墙挡在他的面前。一名保安走上前来说："光明骑士——2187，您的数字身份未经实名认证，系统无法判断您是否成年，因此您无法进入酒馆，抱歉。"

对此，"光明骑士——2187"有点懵："我今年19岁，已经成年了。需要去哪里认证呢？"

元妗的声音从身后传来："您可以到政务大厦进行实名

认证，需要您提供现实世界的身份信息和近期照片。实名认证之后，您在元宇宙中的行动将更加便捷。您现在去吗？"

"光明骑士——2187"转头一看，不知什么时候，元妗已经站在自己身边。"好，那就先去实名认证一下吧，以后也方便。"

"好的。"元妗答应一声，随后说："传送至政务大厦。"

眼前画面一闪，"光明骑士——2187"和元妗就到了一座宏伟的建筑物前，上面悬浮着几个大字"政务大厦"。"光明骑士——2187"跟着元妗走进大厦，来到实名大厅，工作人员小郑接待了他们。"光明骑士——2187"按要求上传了真实姓名、身份证号、近期照片等信息，提交给小郑审核。小郑核对无误后说："您的实名认证已完成，真实身份信息已加密并同步到元宇宙云端。"

……

上面说的这些是三年前的事，现在张宇已经上大四，还有一个学期就要毕业了。元宇宙中的虚拟身份机制，也已经完善了很多。每个新生儿上户口的时候，真实身份信息都会自动同步到元宇宙云端，服务器中也会自动创建一个数字身份。在现实世界中，修改身份信息时，元宇宙中的身份信息也会同步修改。

数字资产与实物资产

在元宇宙时代，电子支付系统衍生出的数字资产已成为人类资产的重要组成部分，并逐渐出现取代实物资产的倾向。让我们通过张宇的视角，了解一下元宇宙时代的数字资产。

时间再次回到三年前。"光明骑士——2187"完成实名认证后，又跟着元姈传送至游乐园。元姈说："元宇宙中的绝大部分建筑门前都是有传送台的，您也可以像我刚才那样使用传送，不过，传送到比较远的地方可能需要付费。新注册用户会获赠 3 000 元币，您可以先体验一下元宇宙中的消费和娱乐活动。先不打扰您了，有事情，您可以随时叫我。"

"光明骑士——2187"默念一声："传送至乐光酒馆。"眼前画面一闪，"光明骑士——2187"再次来到酒馆门前。这次，保安没有阻拦他，而是微笑着请他进入酒馆。

"成都，带不走的只有你……"刚一进门，舒缓的音乐便萦绕在张宇的耳边。"光明骑士——2187"顺着声音看去，只见酒馆中间位置的半空悬浮一大片白云，一位民谣歌手正坐在白云上，抱着吉他，轻轻哼唱。时间还早，酒馆里客人并不多，大家一边听着音乐，一边静静地品酒。

"光明骑士——2187"看着有些好奇，心想："在这个虚拟世界，怎么品酒呢？"他走到酒馆台前坐下，一张价目表在眼前展开：玛格丽特——50元币；干马天尼——50元币；尼格罗尼——40元币；莫吉托——30元币；金菲士——10元币；曼哈顿——10元币。价目表的右上角，还有两行小字：账户余额"3 000元币"（新用户赠送）；信用额度"未开通"。

"光明骑士——2187"点了一杯莫吉托，耳边传来元妗的声音："您在乐光酒馆购买'莫吉托'一杯，共支付30元币，余额2 970元币。"

看着调酒师"旨酒思柔"熟练地操作，"光明骑士——2187"试探性地问道："'旨酒思柔'先生，你是真人，还是AI？"

"旨酒思柔"笑着说："我当然是真人了，大家都叫我阿康。那边唱歌的，也是真人，是我同学，你可以叫他阿亮。上酒的服务员和门口的保安是AI。我们大学刚毕业，暂时在这家酒馆打工。你是第一次来我们这儿吧？"

"光明骑士——2187"说："是啊，我第一次来。阿康，我有几个问题不太明白，能请教一下你吗？"

"旨酒思柔"忍着笑意说："当然可以了，'光明骑士'大人，您有什么问题呢?"

"光明骑士——2187"尴尬地笑了笑,说:"元宇宙里的酒不就是一组数据吗,客人是怎么品出味道呢?"

阿康这时已经调好了一杯莫吉托,他把酒杯推到"光明骑士——2187"面前,笑着说:"你尝一口试试。"

"光明骑士——2187"已经闻到了淡淡的酒香,他把酒杯接过来,尝了一口莫吉托,跟自己之前喝过的莫吉托味道几乎一样。

看着"光明骑士——2187"越发疑惑的眼神,阿康说:"即使是入门级的元宇宙舱,也内置了嗅觉和味觉系统。在元宇宙中,品酒确实只是获取了一组数据,但元宇宙舱可以将这组数据转换为神经信号,传递到我们的大脑中。你没仔细看元宇宙舱的说明吧?"

"光明骑士——2187"说:"我确实没仔细看,谢谢你。我还有一个问题,既然这杯酒只是一组数据,那你刚刚调酒的动作是?"

阿康说:"现实世界中,这家酒馆在全国都有连锁店。为了帮酒馆提升销量,老板请人在元宇宙中做了一个 1∶1 的模型,据说花了几十万元币呢。我身上穿着动捕服,调酒的动作实时同步到元宇宙。过一会儿,外卖员就会把这杯酒送到您家。"

"光明骑士——2187"点了点头:"原来是这样。是否方便问下，元宇宙的酒馆真能盈利吗？你们在这里一个月能挣多少钱呢？"

阿康笑了笑："这家元宇宙的酒馆晚上客流量很大，盈利应该还不错。我一个月能挣 5 000 元币吧。阿亮挣得比我多一些，一个月大概 7 000 元币。按我的收入水平，元币可以按 1∶0.8 的比例兑换成现实货币，不过我很少去兑换。现在很多商家都有元宇宙店，可以直接用元币支付，比用现实货币更方便。"

二人又闲聊了一会儿，这杯酒也"喝"完了。再次跟阿康道谢后，"光明骑士——2187"离开酒馆，回到了现实世界。

从元宇宙舱中出来不到 20 分钟，张宇就听到一阵敲门声，开门一看，果然是送酒的外卖员。张宇接过外卖，回到自己房间，慢慢品尝，无论香气还是口感，都跟在元宇宙中喝的那杯莫吉托一模一样。休息片刻后，张宇再次穿戴好设备，进入元宇宙。

"'光明骑士——2187'，欢迎回到元宇宙。"刚启动元宇宙舱，元姈的声音就从耳边传来。"光明骑士——2187"睁开眼，发现自己正站在乐光酒馆的门口，旁边还有几个人，闭着眼睛站在那一动不动。"光明骑士——2187"试着跟他们打招呼，有的人完全没有反应，有的人还是闭着眼，却开口说话："我现在有事不在，请勿打扰。"

"光明骑士——2187"心想："我刚刚回到现实世界的时

候，元宇宙里的身体应该也是这样吧。再去看看其他地方。"

"光明骑士——2187"继续向前走着，发现一家名叫"日新服饰"的服装店里客人来往不断，附近的其他服装店却没几个人。他觉得很奇怪，就跟着众人走进"日新服饰"店里。

元妗的声音在他耳边响起："检测到您周围有较多用户，您可屏蔽其他用户形象或声音，以获得更好的购物体验。"

"光明骑士——2187"说："屏蔽其他用户声音吧。"元妗说："好的，已为您屏蔽其他用户声音，祝您游玩愉快。"

原本嘈杂的环境一下安静下来，"光明骑士——2187"觉得清静多了。跟着人群在店里转了一圈，他发现这家店的衣服款式非常多，很多都没见过。看到喜欢的衣服，用手轻轻一碰，就自动穿到了身上，自己还可以切换到第三视角，查看穿着效果。

据导购员介绍，这家服装店雇用了很多服装设计师，每天都有新款推出，"日新服饰"的名字也是由此而来。店里大部分衣服都有三种销售形式：用户可以只购买这些衣服的数据，穿在自己的虚拟形象上；也可以只购买衣服的实体，在现实世界穿着；当然，也可以同时购买衣服的数据和实体衣服。

"光明骑士——2187"看中了一件夹克衫，数据价格 100元币，实体价格 500 元币，新店开张期间优惠，买衣服实体送数据。

　　"您在'日新服饰'店购买'夹克衫'一件，共支付 500 元币，余额 2 500 元币。"随着元妗甜美的声音，"光明骑士——2187"走出"日新服饰"店，继续迈出探索的脚步。

智能家居，智慧城市

进入元宇宙时代后，人工智能高度发达，智能家居得到极大的发展。与此同时，高速移动通信网络的覆盖，也让整个城市系统实现了互联互通，城市管理和服务进一步优化，资源利用效率和市民生活质量都得到提高，形成了一座智慧城市。

转眼之间，张宇上了大学四年级，世界进入元宇宙时代已经三年了。这三年来，元宇宙舱多次升级，逐渐普及到千家万户。元宇宙涉及的领域也在不断扩张，几乎覆盖了人们工作、生活的方方面面。以张宇为例，无论是学业上的选课、上课、交作业，还是日常生活中社交、购物、做兼职，都可以在元宇宙中"面对面"地进行。

在此期间，元宇宙还推出了"元家"服务，用户可以把各种智能家电接入元宇宙，把自己的家打造成一个大型的"元宇宙舱"。用户在元宇宙中游玩时，这些智能家电可以模仿元宇宙中场景的温度、光照等环境，给人更逼真的体验。更重要的是，"元家"实现了家庭场景下元宇宙和现实世界的无缝切换。只要成功构建了自己的"元家"，用户就可以在元宇宙的任意地点瞬间传送回家。在元宇宙的家庭场景下，用户看到的画面、听到的声音与现实世界完全同步。人们在元宇宙中工作或娱乐时，用餐、饮水、上卫生间等必要活动，都不必退出元宇宙，极大地提升了用户体验。

很快，可接入"元家"变成了智能家电必备的一项功能，不能接入"元家"的智能家电全部被市场淘汰。与此同时，各大智能家电厂商也发现了商机，购买实物家电并附赠元宇宙中对应的 3D 模型成了最受欢迎的促销活动。没过多久，3D 模型被纳入智能家电类产品的标配。

很多人在元宇宙中购置或租用土地，请设计师在元宇宙中复制自己的住所，并为此花费几万到几百万元币。张宇住的出租屋不大，在元宇宙城郊租用相同面积的土地一年只需要一万元币左右。但要请专业设计师在元宇宙中构建整个房屋的话，至少还要花三万元币。

为了在元宇宙中有个"家"，张宇经常在元宇宙中做兼职，但只攒下了两万多元币。好在张宇在校期间学会了一些基础的建模知识，元宇宙中的设计工具使用起来也相对简单，他索性自己动手，在元宇宙中构建自己的家。用了将近两个月的时间，张宇终于在元宇宙中完全复制了自己的出租屋。

　　张宇的学校在北方，冬天室外气温达到了零下十几度，如果不是必要，他实在懒得出门活动。周末早晨，张宇起床简单洗漱后，便穿戴好设备，进入了元宇宙。

　　"早上好，'光明骑士——2187'。有什么可以帮您的吗？"元妗微笑着说。"元家"建成之后，元妗就兼任了"光明骑士——2187"的管家。

　　"光明骑士——2187"一身休闲服，舒服地伸了个懒腰："早上好，元妗。帮我做一份早餐吧，好了叫我，谢谢你。"

　　"好的，请您稍等。"元妗话音刚落，豆浆机和三明治机启动的声音就从厨房里传来。这款智能豆浆机的豆仓可以储存 3 千克黄豆，侧面连接着净水管和排水管，可以自动清洗、浸泡黄豆，研磨、煮沸豆浆，还可以自动清洁。三明治机的工作原理与豆浆机的工作原理差不多，只需要用户定期添加原材料，制作过程是全自动的。

　　吃过早餐后，"光明骑士——2187"花了 30 元币传送到昆明，走进一座鸟语花香的园林。与此同时，张宇脚下的走步机同步着他在园林中的行进速度，走步机上方的空调吹出了一阵微风，混合着加湿器喷出的水雾，温度和湿度都与昆明保持同步。呼吸着湿润温暖的空气，"光明骑士——2187"漫步在这座春城之中。

　　这些互联互通的智能设备并不仅仅局限在家庭中，而是覆盖了整个城市的交通、消防、医疗等公共服务。我们可

以通过张宇一次出行过程，简单了解一下元宇宙时代的城市
交通。

一个学期很快就结束了，张宇所在的大学放了寒假。虽
然在元宇宙中随时可以见面，但张宇的父母还是希望他回家
过年。张宇拗不过父母，便进入元宇宙中，购买回家的车票。

"光明骑士——2187"一睁开眼，就见元姈站在自己身边，
并说道："晚上好，'光明骑士——2187'，有什么可以帮您
的吗？"

"我要买一张后天回 A 市的高铁票。"

"好的。"

元姈手一挥，一个窗口弹出，后天回 A 市的各个车次
及时间、价格出现在面前。"光明骑士——2187"上下滑动，
选中了一张后天下午的车票。

"您选择了'G4961'次列车，后天下午 14:00 开车，
17:00 达到，票价 200 元币，是否确认支付？"

"确认。"

第二天中午，张宇简单收拾了一下行李，走到小区门前
的路边。他戴上头显，拖出打车程序，附近的出租车车型、
距离、费用都投射在眼前。"光明骑士——2187"选了最近
的一辆无人驾驶出租车，看着车的投影从 2 公里外迅速向自
己靠近，最终在前方路口与真实的车重合。

无人驾驶出租车的门把手上都有指纹识别装置。"光明骑

士——2187"上前握住门把手，车载计算机迅速完成验证，车门随即打开。"光明骑士——2187"上车并再次确认目的地后，出租车启动,面前自动展开了 3D 行进路线图。张宇打了个哈欠，把路线图窗口关闭，闭上眼睛眯了一会儿。

"您已到达目的地，此次行程花费 30 元币，感谢您的使用。"出租车 AI 的提示音从耳边传来。"光明骑士——2187"睁开眼，随手划掉扣费，提起行李走进车站。

"旅客朋友们，'G4961'次列车已经开始检票了，请携带好随身物品，到 2 号检票口检票，3 站台上车。"随着车站播报 AI 的声音，张宇登上了回家的列车。

我在游戏，也在工作

世界进入元宇宙时代，很多传统行业都将受到剧烈的冲击，人们的工作方式也会发生很大的改变。不仅如此，有些传统职业很可能会消失，同时会诞生一些新职业。我们可以借助张宇的视角，探索一下元宇宙时代的职业变革。

张宇回到家已经一个星期了。为了让自己的体验好一些，他又在元宇宙中构建了一个简单的家庭场景：一个包含沙发、茶几的客厅和一个卫生间。除了必要的吃饭、休息等活动外，他大部分时间都沉浸在元宇宙中。上学期间，张宇已经习惯吃饭也在元宇宙中同步进行，但看了看餐桌上父母的脸色，他只好作罢。

张宇家这边的科技不是很发达，虽然大多数人家里都有一台元宇宙舱，但大多数人还在从事传统行业，在元宇宙中的活动普遍停留在娱乐和消费阶段。比如，张宇的父亲张睿，虚拟身份 ID 是"上善若水——9173"，他在现实中是一位建筑工程师，只是偶尔会进入元宇宙看看新闻。张宇的母亲李静，虚拟身份 ID 是"平安是福——8826"，她在现实中是一位化妆师，下班后有时会在元宇宙中刷剧、逛街。两个人使用元宇宙的时间加起来，都不及张宇的 1/4。在张宇的父母看来，儿子天天泡在元宇宙里，有些玩物丧志了。

这天吃过早饭后，父亲出门办事，母亲在做家务，张宇帮着母亲洗碗、拖地。张宇曾多次跟母亲提议买一台洗碗机、扫拖机，但母亲觉得完全没有必要。每次张宇回家，这些家务就落在了张宇身上。张宇耐着性子做完家务，再次进入元宇宙。

"光明骑士——2187"坐在沙发上，浏览着今天的游戏资讯。他最喜欢的游戏《光明与黑暗》发布了新的单人副本《魔龙之巢》，第 1 位、第 2 位到第 10 位、第 11 位到第 100 位通关的玩家，将分别获得 10 000 元币、5 000 元币、1 000 元币的额外奖励。第 100 位之后通关的玩家，只有 100 元币的基础收入。

此次副本的奖励金额比较高，肯定会有很多玩家参与。眼看距离副本开放只剩 20 分钟了，"光明骑士——2187"决定先去探探路。他右手斜向上一挥，把游戏资讯的窗口最小化，随后说道："传送至《光明与黑暗》游戏世界。"

"您不在常用传送台，此次传送需支付 100 元币，是否确认？"

"确认。"

眼前画面一闪，"光明骑士——2187"来到了《光明与黑暗》的游戏世界。他打开背包，检查了一下装备、坐骑、火把和药水，确认都没有问题。随后，他习惯性地隐藏了自己的 ID 和数据面板，从背包中拿出一把生锈的铁剑，走上前往副本的传送台。他也没有换下自己身上的现代休闲服——就像一个刚进游戏的新手。他已经达到 69 级了，战力虽然不是顶尖，也可以排进前 100 位。如果不伪装一下，总会惹来很多麻烦，比如，99+ 的公会邀请。

此次副本设立在一个山洞中，门口已经有几千名玩家，并且越聚越多。这些玩家的虚拟形象大部分是恶魔、狼人、半人马、吸血鬼等非人类，少数几个是骑士、法师、牧师、刺客等人类。在元宇宙游戏中，人类拥有更高的成长空间，非人类拥有更高的基础属性。非人类角色在 10 级解锁，而人类至少要达到 30 级，才能与部分同等级的非人类拥有相近的战力。因此，游戏里人类战力两极分化严重，不是菜鸟，就是高手。当然，菜鸟明显要多一些。

副本开启倒计时在飞速地转动，10、9、8、7…"光明骑士——2187"熟练地打开背包，点击装备和坐骑，金光一闪，一身休闲服的男青年瞬间变成一个头戴金盔，身披金甲，坐跨天马，腰悬圣剑的骑士。倒计时数到 1 时，天马一跃而起，"光明骑士——2187"和上万名玩家一起冲进幽暗的山洞。

过了 1 小时，"光明骑士——2187"只打通了 1/3 的关卡。他拉出计分板看了一眼，自己的进度排在第 183 位，最快的 1 个玩家已经接近 BOSS 关卡了。他的角色是光属性的骑士，在魔龙之巢这种黑暗的环境下无法恢复法力。为了节省法力，他一手举着火把照明，一手持剑清理路上的怪物。虽然这把圣剑对暗属性的怪物有额外伤害，进度还是比较慢，继续这样的话，他连前 100 名也进不了。

看了看背包里价值 200 元币的四瓶法力药水，"光明骑士——2187"丢掉火把，双手高举圣剑。剑发出刺目的金光，随后数千把光剑如雨点般落下，面前的怪物被瞬间清空。又过了 1 个小时，他的法力值已经耗尽，也终于来到 BOSS 关卡了。拉出计分板一看，已经有 83 名玩家成功通关。他不再犹豫，使用全部法力药水将自己法力值充满，推开了 BOSS 关卡的大门。

炙热的龙息伴随着浓烈的血腥味扑面而来，与数千米高的暗黑魔龙相比，"光明骑士——2187"看起来如同一只蝼蚁。借助天马的机动性，他左躲右闪，用了 1 个多小时耗尽了 BOSS 的魔力，最终用一把巨型光剑斩下了它的头颅。还好，第 99 位。听到耳边传来 1 100 元币到账的声音，他松了口气。

刚摘下头显和耳机，母亲就过来一顿数落："天天只知道玩游戏，等你毕业了，怎么找工作……"张宇知道跟母亲解释不清——他已经试过很多次了。他带着母亲进入元宇宙，给母亲看了自己的收入记录，又快速回放了一下自己的游戏过程。

"光明骑士——2187"说："我是在玩游戏，同时也是在工作。您也可以试试在元宇宙里找一份工作。对了，您不是很擅长替人化妆吗？我觉得捏脸师就很适合您。听说做得好的，月收入有 10 万元币呢。"

"真的？"对此，"平安是福——8826"半信半疑。

足不出户的星际旅行

在人类文明的发展过程中，人类的活动受到空间距离的限制，很多伟大的想法无法成为现实。工业革命后，科技推动着世界向全球化的方向发展，但人类对地球之外空间的探索仍然十分有限。在元宇宙时代，距离将不再是问题。人类不仅可以进行各种远程协作，甚至可以足不出户，来一场星际旅行。

春节之后，张宇家里来了一个客人：张宇的舅舅李勇。十几年前，李静刚结婚不久，李勇就因为跟家里闹矛盾，一气之下外出打工，失去了联系。李静看了半晌，才认出是自己的弟弟。多年未见，一家人赶紧把他迎进客厅。一阵寒暄后，张睿跟李勇坐在沙发上聊天，张宇在旁边陪着，李静到厨房准备饭菜。

吃过饭后，李静问起李勇的近况。李勇说，自己原本在B市一家旅行社当导游，收入还不错。但从三年前开始，到当地景点旅游的人越来越少，旅行社尝试转型失败，不久就倒闭了。之后，李勇尝试过很多行业，都不太顺利，想继续当导游，但一直没找到好的岗位。偶然一次机会，他在元宇宙中遇到一个老同事，并在他的介绍下成了一名元宇宙导游。

一开始，李勇只负责 B 市景区的导游工作，后来逐渐扩展到全国、全世界。去年，元宇宙又推出了星际旅行项目，受到人们的热烈欢迎。李勇用了一个月的时间，考取了星际旅行导游证。现在，他已经是一名专职的星际旅行导游。前几天，刚回去看过父母，从父母口中得知了李静的住处，今天就过来了。

听着李勇对星际旅行的介绍，张宇一家人都很向往。其实，元宇宙建立之初，就构建了一个完整的太阳系。张宇曾想到火星上看看，但被往返 20 万元币的高额传送费用吓退了。据李勇说，现在跟团到火星旅行，往返传送只需要 2 000 元币。

正说着，李勇一拍自己的头："差点忘了，稍等一下。"他从包里取出头显并戴上，问："姐姐、姐夫、外甥，你们的元宇宙 ID 是什么？"

"平安是福——8826。"

"上善若水——9173。"

"光明骑士——2187。"

李勇低头一阵操作，一家人不解地看着他。过了一会儿，李勇抬起头："我给你们带了礼物，你们进元宇宙看一下。"

张宇也戴上头显并进入元宇宙，发现一个来自"星际旅行导游——1053"的好友邀请和一封新邮件。"星际旅行导游——1053"应该就是舅舅李勇了，张宇同意好友邀请后，又打开邮件查看，邮件内容主题是太阳系的运行动画，下面写着六个字："太阳系旅行卡"。

"光明骑士——2187"问："舅舅，这个是做什么用的？"

"星际旅行导游——1053"笑了笑说："太阳系旅行卡是元宇宙最新推出的套餐，可以免费到太阳系中任意一个行星上旅行一次。公司给我发了几张，我自己用不着，就送给你们了。你们想去哪儿玩，我可以带你们去。"

"光明骑士——2187"说："舅舅，我想去火星看看。"

"上善若水——9173"和"平安是福——8826"点点头："我们无所谓，小宇想去火星，咱们就去火星吧。"

"好的，出发！传送至火星。"

面前画面一闪，四人来到一个充满科技感的房间。"星际旅行导游——1053"说："这里是火星空间站。亲爱的'旅客们'，请跟我来。"

说着，"星际旅行导游——1053"在前面带路，三人紧随其后。穿过几扇门后，四人来到一条走廊，走廊尽头是一扇大门。"星际旅行导游——1053"打开大门，一阵冷风迎面吹来。"光明骑士——2187"往前迈了一步，放眼望去，下面是一颗橘红色的星球。

"我们下面就是火星吗？地球在哪里？""光明骑士——2187"好奇地问道。

"没错，下面这颗星球就是火星。至于地球，你看那边。""星际旅行导游——1053"笑着向右前方指了指。

"光明骑士——2187"顺着手指的方向看去，好半天才分辨出一个深蓝色的小点。

"好了，我们今天的任务是探索火星哦，走吧。""星际旅行导游——1053"直接迈出大门，身体悬浮在空中，向后面三人招手。"光明骑士——2187"紧跟着走出了大门，"平安是福——8826"有些恐高，站在门前不敢迈步。

"星际旅行导游——1053"见状，又飞回门口说："姐姐，不用怕。你身后的喷气背包会自动开启，帮你保持平衡的。"

"平安是福——8826"答应了一声，还是犹豫着不敢迈步。"上善若水——9173"往前迈了一步，拉住她的手："先闭上眼睛吧，跟着我。"两人一起迈步走出空间站，背后的大门缓缓关闭。

"星际旅行导游——1053"等了一会儿，见三人都已经适应了喷气飞行，才说："走，我带你们去火星表面看看。"只见他身体向前一倾，缓缓下落，三人也学着他的样子跟在后面。

火星表面完全被橘红色覆盖，周围有两颗卫星拱卫着。

随着身体下落，火星在四人眼中变得越来越清楚。巨大的撞击坑、雄伟的环形山、幽深的峡谷、起伏的沙丘，一一映入眼帘。

落地之后，"星际旅行导游——1053"说："我们现在所处的地方是火星的南半球，这是一片古老的高地。这些大坑和边缘的山脉，都是陨石或小行星撞击火星留下的。到这边来。"

"这里是火星南半球最著名的景点——水手号峡谷。这座峡谷也是太阳系中已知最大的峡谷，长度超过 4 500 千米，最宽处超过 600 千米，最深处约 8 千米。"

"现在我们来到了火星的北半球。这边大部分是低地平原，不过也有太阳系中已知最高大的火山——奥林帕斯山。对，就是我们右前方这座火山。它的海拔超过 25 千米，差不多是珠穆朗玛峰高度的三倍。"

……

参考文献

[1] 清华大学新闻与传播学院新媒体研究中心.2020—2021 年元宇宙发展研究报告 [R]. 北京：清华大学,2021.

[2] 腾讯研究院,中国信息通信研究院互联网法律研究中心,腾讯 AI Lab,腾讯开放平台 . 人工智能 [M]. 北京：中国人民大学出版社.2017.

[3] 国务院发展研究中心国际技术经济研究所,中国电子学会,智慧芽 . 人工智能全球格局 [M]. 北京：中国人民大学出版社.2019.

[4] 韦康博.解读区块链 [M]. 北京：人民邮电出版社.2017.

[5] 杨峰义,谢伟良,张建敏 .5G 无线网络及关键技术 [M]. 北京：人民邮电出版社:5G 丛书,2017.

[6] 奇偶派 . 元宇宙的技术、基础设施、场景和未来猜想 [J]. 大数据时代,2021(11):6—15.

[7] 徐晶卉 , 张天弛 . 火爆的 NFT，打开一扇新窗口 [N]. 文汇报,2021—11—28(004).DOI:10.28814/n.cnki.nwehu.2021.004973.

[8] 刘革平 , 王星 , 高楠 , 胡翰林. 从虚拟现实到元宇宙：在线教育的新方向 [J]. 现代远程教育研究,2021,33(6):12—22.

[9] 曹妍 .Facebook 更名"Meta"换"脸"，投资百亿美元押注"元宇宙"[J]. 现代广告,2021(21):38—39.

[10] 孙晓萌.科技巨头争当"元宇宙"制造商 [J].中国经济周刊,2021(22):25-26.

[11] 罗茂林,罗子怡.试揭元宇宙面纱:下一代互联网若隐若现 [N].上海证券报,2021-12-02(006).DOI:10.28719/n.cnki.nshzj.2021.005548.

[12] 吴江,曹喆,陈佩,贺超城,柯丹.元宇宙视域下的用户信息行为:框架与展望 [J/OL].信息资源管理学报:1-17[2021-12-29].http://kns.cnki.net/kcms/detail/42.1812.g2.20211129.1429.004.html.

[13] 费天元.聚焦元宇宙、云计算、"专精特新"[N].上海证券报,2021-12-01(004).DOI:10.28719/n.cnki.nshzj.2021.005519.

[14] 鄢子为,李基礼.万物皆可元宇宙 [J].21 世纪商业评论,2021(12):87.

[15] 方凌智,沈煌南.技术和文明的变迁:元宇宙的概念研究 [J/OL].产业经济评论,2022(01):1-14[2021-12-29].DOI:10.19313/j.cnki.cn10-1223/f.20211206.001.

[16] 杨燕.元宇宙内容生态"拼图"[N].经济观察报,2021-12-13(019).DOI:10.28421/n.cnki.njjgc.2021.002574.

[17] 东方欲晓.解析元宇宙 [J].中国商界,2021(12):44-45.

[18] 杨晓猛.元宇宙对未来的影响及其发展趋势 [N].大连日报,2021-12-20(007).

[19] 杜骏飞.数字交往论 (2):元宇宙,分身与认识论 [J/OL].新闻界:1-12[2021-12-29].DOI:10.15897/j.cnki.cn51-1046/g2.20211222.001.

[20] 魏蔚.力捧希壤 百度押注元宇宙 [N].北京商报,2021-12-22(003).

[21] 薛阳达.元宇宙:未来互联网 [J].金融博览 (财富),2021(11):92-93.

[22] 冯庆汇. 元宇宙：一场新革命 [J]. 理财周刊,2021(11):28-29.

[23] 陈炳欣. 软硬结合加速 VR 产业生态走向成熟 [N]. 中国电子报,2021-11-12(005).DOI:10.28065/n.cnki.ncdzb.2021.001411.

[24] 伍树, 张鸣, 方正梁, 李玥.5G 催生元宇宙 [N]. 人民邮电 ,2021-11-12(005).DOI:10.28659/n.cnki.nrmyd.2021.003633.

[25] 吴桐, 王龙. 元宇宙：一个广义通证经济的实践 [J/OL]. 东北财经大学学报 :1-11[2021-12-29].http://kns.cnki.net/kcms/detail/21.1414.F.20211022.1812.002.html.

[26] Sudan Jha,Usman Tariq,Gyanendra Prasad Joshi,Vijender Kumar Solanki. Industrial Internet of Things:Technologies, Design, and Applications[M].CRC Press:2021-08-24.

[27] Arvind Kumar Tiwari. Deep Learning and its Applications[M].Nova Science Publishers, Inc.:2021-10-15.

[28] Parag Chatterjee,Robin Singh Bhadoria,Yadunath Pathak. 5G and Beyond:The Future of IoT[M].CRC Press:2021-08-24.

[29] Rajeev Tiwari,Neelam Duhan,Mamta Mittal,Abhineet Anand,Muhammad Attique Khan. Multimedia Computing Systems and Virtual Reality[M].CRC Press:2021-09-12.

[30] K. Anitha Kumari,G. Sudha Sadasivam,D. Dharani,M. Niranjanamurthy. Edge Computing:Fundamentals, Advances and Applications[M].CRC Press:2021-07-18.